そのまま使える！

パワポ 歯科指導

監著　丸森 英史

DVD-ROM 付き

少年写真新聞社

　歯の健康を保つための基本は、上手な歯みがきです。言葉では伝えにくい細かな歯ブラシの動きを、実際に歯をみがいている様子をもとに解説し、そのコツがわかるように配慮しました。そして、パワーポイント教材を先生方の指導プランに組み込んで、子どもたちにわかりやすく伝える有効なツールになるように企画しました。

　本書の趣旨は「自分に合った歯みがきの仕方を発見する」ことを、学習を経て身につけるというアプローチにあります。お手本を見てただまねをするのではなく、教育現場ならではの好ましい健康行動を子どもたち自身で考え見つける "発見の喜び" につながるように、教材として活用していただけることを願っています。

　歯科学におけるむし歯や歯周病の原因を究明する研究は、ここ 20 年で大変な進歩をしてきましたが、「日々の歯みがきが大事だ」という基本はいまだに変わりません。特に歯科学的な進歩で明らかになってきた分野は、むし歯や歯周病の「生活習慣病」としての側面が深く解明されてきた部分だといえます。その意味で、歯の問題は生活を振り返ることなしには十分に改善できません。そのため、歯の健康に深く関わる「食」や生活習慣の話題も盛り込み、最近の研究の成果もトピックスとして織り込みました。

　子どもたちに歯への興味を湧かせたり、「痛い思いをするむし歯は嫌だ」という気持ちを感じさせたりすることから始めて、自分自身で歯を大事にするという目標をつかんでもらえる指導ができるようにまとめています。毎日の生活習慣として何気なく歯みがきをしている子どもたちに、歯の健康を深く考える意識と、それを実現できる歯みがきの技術を育てるお手伝いができるように願っております。

丸森 英史

本書を使う前に

　本書では、過去に弊社で発行した書籍『たんけん はっけん じぶんの歯』・『どんどん はえる じぶんの歯』・『みんな そろった じぶんの歯』の3冊の内容をもとに、その後に弊社で制作しました『小学保健ニュース』の内容を加えています。また、本書をパワーポイントの教材にし、新たに撮影した動画も添えて DVD-ROM に収録しています。

　パワーポイントは、小学6年生までに習う漢字にふりがなをつけ、1つの指導内容を6枚のスライドにしています。子どもたちの発達段階や学校の実態に合わせて、文章を書きかえたり、複数のパワーポイント教材を組み合わせたりしてご利用ください。

　また、収録されているパワーポイントには、監著者である丸森英史先生から、口腔写真やみがき方などの動画を特別にご提供いただいています。恐れ入りますが、使用に際し、下記のような制限をいたします。

　なお、収録しているすべてのパワーポイント教材のスライドの7枚目（最終スライド）に、スライド内の写真をご提供いただいた先生の氏名などと著作権に関する注意を、右記のように掲載しています。

写真提供（口腔写真）
丸森歯科医院 院長　丸森 英史 先生

写真提供（電子顕微鏡写真）
鶴見大学 歯学部 名誉教授　花田 信弘 先生

その他の写真：株式会社少年写真新聞社

本書の使い方

1つのテーマに対して、パワーポイントのスライドが6コマで構成されています。

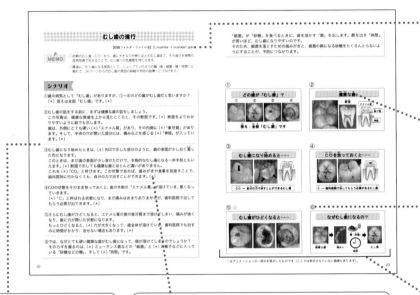

DVD-ROM に収録されているフォルダとパワーポイントのファイル名です。

タイトルや文章などはパワーポイント上で変更が可能です。

数字は、シナリオの番号と連動しています。

パワーポイントによる授業案です。

授業などでのシナリオ展開例です。アレンジをしてお使いいただけます。

（▲）は、パワーポイントの動きのタイミングを示しています。（▲）でクリックするとアニメーションの動きに連動します。

　本書に掲載されているスライドの中で、右記のようにスライドの上に「☆」印がついているものは、スペースの関係上、スライドに入っているイラストや写真の一部をのみを表示しています。DVD-ROM に収録されているスライドでは、アニメーションが展開される中で、下の画像のように、本書には掲載されていないイラストや写真が表示されたり、消えたりします。

⑤ ☆

むし歯がひどくなると……

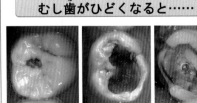

むし歯がひどくなると……

クリック

むし歯がひどくなると……

シナリオ展開例について

　各展開例の左ページ（一部右ページにも掲載）には、右ページのパワーポイントに対応したシナリオ展開例を掲載しています。シナリオ展開例は口語体になっており、実際の授業などですぐにお使いいただけるように作成しました。

　DVD-ROM のデータでは、パワーポイントの「ノート」の部分にシナリオ展開例のデータがあります。パワーポイントを見ながらシナリオを変更したり、シナリオを見ながらパワーポイントの動きなどを変更したりすることができます。

パワーポイント授業案について

　パワーポイントは、変更や保存が容易にでき、アニメーションなどで効果をつけることもできます。作成したスライドは掲示物などにも利用できるというメリットもあります。

　パワーポイント初心者の場合は、そのままお使いいただけます。パワーポイント経験者の場合は、データをご自由に追加、変更して、より学校や子どもたちの実態に合った内容にしてお使いいただくことも可能です。

パワーポイントページ見本

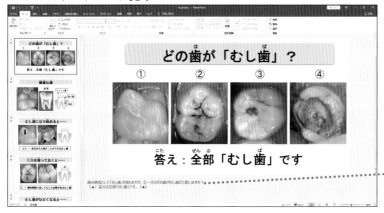

ノート部分にシナリオ展開例のデータが入っています（DVD-ROM 内）。

動画について

　シナリオ展開例内に「（▶再生）」と書かれているものは、右の図のような動画が入っているスライドです。動画の内側をクリックすると再生されますので、シナリオの（▶再生）に合わせてクリックしてください（停止も動画の内側をクリックします）。動画の外側をクリックすると、次のスライド（次のアニメーション）に移行します。

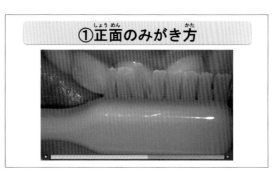

※パワーポイントのバージョンによって、動画が再生されない場合もあります。また、音声は入っていません。

目　次

第1章 **歯の役割・歯垢** ……………………………………… 9

第2章 **むし歯** …………………………………………………… 19

第3章 **歯肉炎** …………………………………………………… 29

第4章 **歯みがきを始めよう！** ………………………………… 39

付属DVD-ROMの構成

■ファイル、フォルダの構成

　1_shikou

　2_mushiba

　3_shinikuen

　4_migakihajime

　5_hamigaki

　6_oyatsu

　7_soshaku

　8_furoku

　read_me.pdf

■ご使用にあたっての注意

【動作環境】

・PowerPoint 2019 以降、PowerPoint for Mac 2019 以降。

・DVD-ROM ドライブ必須。

【ご使用上の注意】

・OS やアプリケーションのバージョン、使用フォントなどによって、レイアウトがくずれたり、うまく動作しなかったりすることがありますが、仕様ですのでご了承ください。ご使用の環境に合わせて修正してください。

・この DVD-ROM を音楽用 DVD ビデオプレーヤーなどで使用すると、機器に故障が発生する恐れがあります。パソコン用の機器以外には入れないでください。

・DVD-ROM 内のデータ、あるいはプログラムによって引き起こされた問題や損失に対しては、弊社はいかなる補償もいたしません。本製品の製造上での欠陥につきましてはお取りかえいたしますが、それ以外の要求には応じられません。

・図書館での DVD-ROM の貸し出しは禁止させていただきます。

第1章
歯の役割・歯垢

指導・実践の　ポイント！

「食べる」ために進化した歯の形

　歯の最も大事な働きは、「食べる」ことです。そのために、歯にはいろいろな形があるのです。歯を鏡で見てください。よく見ると、奥歯と前歯の形はずいぶん違いがあることがわかります。前歯と奥歯の役割が違うのです。前歯は食べ物をかじり取り、奥歯はすりつぶしてのみ込めるようにします。その目的は、私たちが生きるために必要なエネルギーを効率的にとるためです。前歯でかじり取り、奥歯ですりつぶすといった歯の働きは「咀嚼（そしゃく）」と呼ばれます。

　ライオンのように、かじり取ってそのままのみ込み、内臓で消化するだけでは、食べられるものに限りがあり、また、牛のように植物をすりつぶしてエネルギーをとるためには、１日中食べていなければなりません。人類の歯は、その両方の働きを果たすように歯の形を進化させてきたのです。食べられる物の種類を増やすことは、ヒトが進化するためにとても大事なことだったのです。生物に歯らしきものが生まれて、私たちの歯の形になるまでに数億年の進化が必要でした。しかも、何度も生え替わるのではなく、１回だけの乳歯と永久歯の交換で一生使えるように進化してきました。そのために、歯は最も硬く、かみ切っても、すりつぶしても、壊れないように、硬くてしなやかなつくりになっています。

食べ物の変化と歯への影響

　野生動物の歯は、みがかなくても一生使うことができますが、ヒトの歯が簡単にむし歯になったり、歯肉炎や歯周炎で咀嚼する力が十分に発揮されなかったりするのには、どのような原因があるのでしょうか。

　その最大の原因は、私たちの食べ物にあります。最近の研究で、新石器時代および産業革命期に起こった食生活の変更による口の中の微生物叢の変化が明らかになりました。

食生活の変更とは、新石器時代に（農耕の開始によって）炭水化物を豊富に摂取するようになったこと（約1万年前から）と、近代工業が発達して砂糖と小麦粉が簡便に入手できるようになったこと（1850年頃から）です。さらに、植物の中から砂糖を取り出し、頻回に食べられるようになったこと、現代の甘い物があふれる食文化が過食に拍車をかけたことも指摘されています。文明の進歩とともに歯のリスクが高まったというのは皮肉なことです。

　食べ物をとることで、栄養も体内に入りますが、食材についている危険な病原菌も入る危険があります。体内にはそれを防ぐ何重もの仕組みがあり、口から肛門につながる消化管内部には、常在細菌叢という体の健康を守る大事なバリアがあります。その常在細菌は体を守ったり、消化を助けたりして、絶妙なバランスをとりながら人間と共存し、進化してきたのです。本来、歯や歯肉もその常在細菌に守られているのですが、砂糖の過剰な頻回摂取により、特定の細菌を増やしてしまうことで、通常の細菌叢とは異なる状態になり、むし歯や歯肉炎が発生しやすくなるのです。

歯垢の成り立ちとバイオフィルム

　細菌は、歯垢という形で歯の表面にすみつきます。むし歯の原因菌は、砂糖を原料にして水に溶けにくい粘着物質をつくり、その粘着物質の中に潜り込むようにして数を増やしていきます。それが「歯垢」の成り立ちです。歯垢の厚みが増えると唾液の作用も届かなくなり、酸がたまってむし歯につながります。この粘着物質は、水などでゆすいでも全く取れません。

　このような粘着物質をつくりながら細菌が増えていく姿は、自然界にも広く見られ、台所の“ぬめり”や、川の石の表面についている膜状のものなどもその一例で、「バイオフィルム」と呼ばれます。一度バイオフィルムという形で細菌がすみつくと、今のところ、洗口剤で溶かすこともできず、また抗生剤などの薬物も効きにくいため、機械的に取り除く以外には対処できないのです。そのため、歯の周囲の歯垢すなわちバイオフィルムは、歯ブラシでこすり取ることが根本的な対処になります。歯垢は、歯などの硬いものの表面につくのが特徴ですが、歯と歯の間や、歯肉の近くなどのちょっとした隙間や溝にも、所構わず付着します。歯ブラシの毛先が届きにくいところにつくので、きれいにするときには工夫が必要になるのです。電動ブラシなどでも毛先が届かない限り、取ることはできません。みがき残しが長く続くと、やがて石灰化して、いわゆる歯石に変化することがあります。そのときは歯科医院で取ってもらうことが必要になります。

　砂糖は私たちにとって自然から得られるエネルギー源ですが、食べ過ぎにより細菌の数を急速に増やし、悪さをするのです。現代の食生活から砂糖を排除する必要はありません。限度をわきまえ、歯垢が増えないように食事を整え、適切なブラッシングを習慣として行えば、豊かな食生活を楽しみながら歯の健康を守ることは可能です。

　小学生の時期にぜひ歯の働きを理解して、上手な歯みがきと好ましい食習慣を得る一歩を踏み出してほしいと願っています。

歯を「たんけん」しよう！

【収録フォルダ・ファイル名】1_shikou → ha_tanken.pptx

○『たんけん はっけん じぶんの歯』8ページ、『どんどん はえる じぶんの歯』4ページ、
『みんな そろった じぶんの歯』34ページの内容に準拠しています。

○歯みがきやむし歯・歯肉炎の予防指導の導入として、自分の歯を見たり、触ったりして「探検」することで、歯の役割や能力を知り、自分の歯への関心を高めます。

シナリオ

①この写真は小学生の歯です。さまざまな大きさや形の歯があるのがわかります。
自分の歯はどうでしょうか？　実際に見たり、触ったりして、「歯の探検」をしてみましょう。（▲）

- -

②まずは、自分の歯を鏡に映して見てみましょう。
かみしめて歯の表面を見たり、大きく口を開けて、奥の歯を見たりしてみましょう。（▲）

- -

③平らな歯や、とがった歯、丸みのある歯、とても大きく、凸凹している歯など、さまざまな形や大きさの歯があったと思います。
ではなぜ、さまざまな形の歯があるのでしょうか？（▲）

- -

④私たちは、食べ物を食べるときに、包丁のような「前歯」を使うことで、口に入らない大きさの食べ物をしっかりと押さえて、かじり取ることができます。
また、（▲）とがった「犬歯」によって、食べ物をかみ切ることができます。
そして、（▲）大きく、凸凹した「奥歯（臼歯）」で、食べ物をすりつぶして小さくすることができます。
歯の形や大きさが違うことで、私たちは、食べ物を口に入る大きさにかじり取り、しっかりとかんで味わい、のみ込むことができるのです。（▲）

- -

⑤では今度は、歯を指や爪を使って触ってみましょう。（▲）
（歯を触る前には石けんできちんと手を洗いましょう）

- -

⑥歯を触って、とても硬いことがわかったと思います。
歯の外側は、（▲）「エナメル質」と呼ばれる硬いもので覆われています。
なんとエナメル質は、（▲）鉄よりも硬いといわれています。
歯が硬くて丈夫なことで、私たちは、野菜や肉などといったいろいろな食材を食べることができるのです。

（▲）はアニメーションの目安としてクリックのタイミングを示しています。

①
歯を「たんけん」しよう！

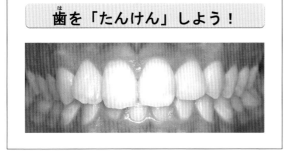

②
鏡で歯を見てみよう

③
いろいろな形の歯

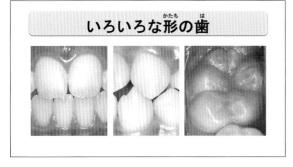

④
なぜ歯の形がちがうの？

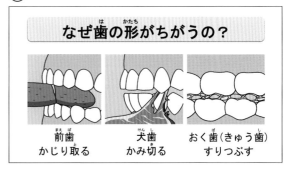

前歯
かじり取る

犬歯
かみ切る

おく歯（きゅう歯）
すりつぶす

⑤
歯をさわってみよう

⑥
とてもかたい歯

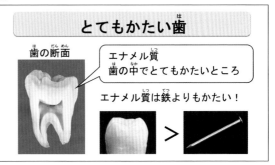

歯の断面

エナメル質
歯の中でとてもかたいところ

エナメル質は鉄よりもかたい！

歯をみがかないと……

【収録フォルダ・ファイル名】1_shikou → shikou1.pptx

○歯みがきをしないと歯垢が増えていくことを実験で確かめたときの歯の変化の写真を見せることで、きちんと歯みがきをすることへの意識を高めます。

○スライド1〜2枚目の実験の詳細は、18ページに掲載されています。6枚目のスライドの実験の写真は『小学保健ニュース』2017年10月28日号に掲載されたものです。

シナリオ

①よく「歯をみがきなさい」と言われたり、歯みがきを面倒だと感じたりしている人はいませんか？
今回は、歯をみがかないとどうなるのかを見ていきます。
この写真は、毎日きちんとすみずみまで歯をみがいている健康な人が、歯をみがいた後の歯で、歯垢がほとんどついていません。（▲）

②試しに、しばらく歯みがきをしないでもらい、歯の変化を見たところ、この写真のようになりました。
歯の表面が黄色っぽくなり、歯と歯の間に何かがついているのがわかります。（▲）

③この歯を歯ブラシでこすってみると、（▲）毛先に黄色っぽい色をしたものがたくさんつきます。
これは食べ物のかす（食べかす）ではなく、（▲）「歯垢」と呼ばれるものです。（▲）

④この「歯垢」とは、何なのでしょうか？
歯垢を顕微鏡で見てみると、（▲）さまざまな形をしたものが写っているのがわかります。
これらは、（▲）口の中にいる「細菌」たちです。
歯垢には「細菌」がたくさんすみついているのです。（▲）

⑤ではどうして、歯垢ができるのでしょうか？
私たちの歯の表面には、（▲）何百種類もの細菌がいるといわれています。
それらの細菌たちは、口の中でずっとすみ続けられるように、歯に「すみか」をつくります。
その材料となるのが、（▲）おやつや食事でとる砂糖であり、砂糖でできた「すみか」が（▲）「歯垢」なのです。（▲）

⑥実験で実際に歯垢ができる様子を見てみましょう。
今写っているのは、大人の奥歯（臼歯）です。（▲）これを砂糖と口の中にいる細菌が入った液体に2週間程度入れたところ、（▲）歯の表面に歯垢がいっぱいできました。
実際の口の中でも、細菌たちが、おやつや食事などでとる砂糖を材料にして、歯の表面に「歯垢」というすみかをつくっているのです。

①

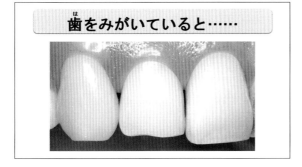

歯をみがいていると……

②

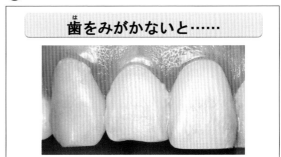

歯をみがかないと……

③

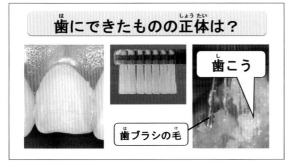

歯にできたものの正体は？

④

歯こうをけんび鏡で見ると

⑤ ☆

どうして歯こうはできるの？

⑥

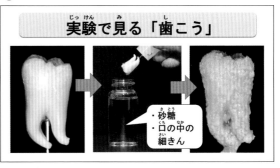

実験で見る「歯こう」

☆はアニメーションの一部分を表示したものです（ここでは表示されていない画像もあります）。

歯こうが歯にあたえるえいきょう

【収録フォルダ・ファイル名】1_shikou → shikou2.pptx

MEMO

○歯垢が増えていく様子を撮影した写真を見ながら、見た目には変化がなくても、歯垢が歯についていて、その中で細菌が増えていることを説明します。

○歯垢が厚くなると、細菌が増えてさまざまな歯の病気につながることを知り、歯垢を落とすことができる唯一の方法である歯みがきの指導へと結びつけます。

シナリオ

①口の中にいる細菌は、おやつや食事でとる砂糖を材料にして、歯に「歯垢」というすみかをつくります。
では、歯垢は歯にどのような影響を与えるのでしょうか？
歯垢がたまっていく様子を見ながら、お話ししていきます。
この写真は、(▲)まだ歯垢が歯についていない状態で、歯の表面もツルツルしています。(▲)

②そこから歯をみがかずに、少したった歯です。
まだ、ほとんど変化はありませんが、(▲)歯の表面には少し歯垢がつき始めています。(▲)

③さらに歯をみがかずにいると、歯と歯の間や歯の表面に歯垢が増えてきて、舌で触るとヌルヌルした不快な感じになります。
この頃には、(▲)歯を溶かす病気である「むし歯」の原因となる細菌たちも歯垢の中にいます。(▲)

④この写真は、さらに歯をみがかなかったときの歯です。歯の表面の色が黄色っぽくなり、歯と歯の間に歯垢があるのがはっきりとわかります。
歯肉の近くまで歯垢ができて、(▲)歯肉が赤く腫れる「歯肉炎」の原因となる細菌たちもすみついています。(▲)

⑤このように、歯垢がたまっていくと、その中にすみついた歯や歯肉に悪い影響を与える細菌によって、歯が溶けて痛みが出る「むし歯」や、(▲)歯肉が赤く腫れる「歯肉炎」と呼ばれる病気になっていきます。
ほかにも、(▲)歯垢にいる歯や歯肉に悪い影響を与える細菌によって、吐く息が臭くなったり、歯垢が石のように硬くなって「歯石」となり、歯科医院に行かないと取れない状態になったり、「歯周炎」と呼ばれる、歯を支える骨がとけて、歯が抜けてしまう原因となる病気になったりすることもあります。(▲)

⑥歯垢がたまっていくと、歯にべったりとくっつくため、うがいをするだけでは落とすことができません。歯垢を落とせるのは歯みがきだけです。

しかし、何となく歯をみがいているだけでは、歯垢は落とし切れません。
歯垢は、歯の裏側や奥歯など、歯のさまざまなところでたまっていきます。
鏡を見て歯ブラシの毛先が当たっているかどうかを確かめながら、すべての歯をすみずみまでみがくことが大切です。

①
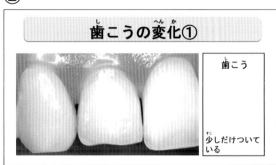

②

③
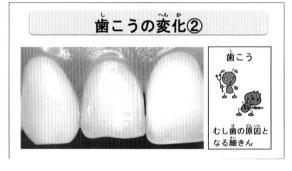

④
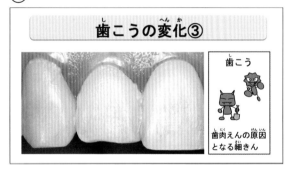

⑤
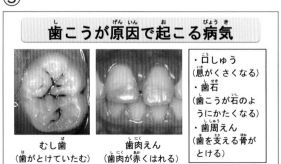

⑥

歯の進化と"歯垢の実験"の写真について

　多くの動物にとって、歯は相手を驚かすための威嚇（いかく）の武器になります。人に最も近いチンパンジーでも、歯を見せるときは威嚇のサインです。数百万年前の猿人には、チンパンジーと似た大きな犬歯があり、肉を切り裂き、戦うための武器になっていたのではないかといわれています。ヒトだと笑顔がコミュニケーションの手段となり、歯も"笑顔の一部"になっています。前歯と奥歯の間にある犬歯は、ちょうど前後の歯の中間の形をしています。威嚇のシンボルの犬歯も、ヒトでは穏やかな前歯に近い形に変化しています。歯をかみつく道具として使っていた時代から、咀嚼（そしゃく）へと働きが変わってきたのが、中生代（2億5200万〜6600万年前）に生息していた有袋類および有胎盤類の哺乳類の臼歯といわれています。恐竜の全盛時代に、森で密かに生活していた哺乳類に、ヒトの歯につながる咀嚼する歯が生まれたのでした。

　武器にもなり、エネルギー摂取のために大事な働きをする歯が、いとも簡単にむし歯や歯周炎になる原因の歯垢は、どのようなたまり方をするのか、実験してみたのが15・17ページの写真（スライド）です。歯科衛生士が「歯みがきをしないと歯で何が起こるのか」を自主的に試して記録をとった貴重な写真です。歯の表面に歯と同じ色をした糊（のり）のような粘着物が増えます。これが「歯垢」と呼ばれるもので、ほぼ細菌の塊です。食べかすではありません。本来目には見えない細菌が異常に増えた姿です。最近は「プラーク」や「バイオフィルム」と呼ばれていて、研究者によって捉え方が異なりますが、同じものと考えて差し支えありません。歯垢は歯の表面に広がり、厚みが増し、何か月もそのままだと、むし歯へのリスクが高まります。また歯垢が歯肉に近づくと、歯肉炎を起こすようになります。17ページの4枚目のスライドの写真を拡大すると、歯肉に赤く見える小さな点があります。これは触れると出血する直前の状態です。このときは、2週間ほどでわずかに歯肉炎が見られるようになりましたが、特別に普段より多くの甘い物を摂取して、歯垢をたまりやすくした結果です。普段から甘い物をよく食べている場合は、この半分以下の時間で歯垢が増えることが研究でわかっています。

　「悪者」は歯垢の中の特定の細菌だけではありません。元々は常在細菌として、必要があってすんでいた細菌が異常に増え、その結果、少数であった細菌（ミュータンス菌など）も異常に増え、悪さをするという、バランスの問題といわれるようになりました。砂糖がそのバランスを崩す引き金になるとはいえ、砂糖の摂取も結局は量や頻度のバランスの問題なのです。それら微妙なバランスの駆け引きで、健康と異常の間を揺れ動くのです。そのバランスを左右するカギは「生活習慣」です。歯の健康を守るために、歯を大事にする生活習慣と歯みがきの上達、それを小学生で身につけてほしいのです。

第2章

むし歯

指導・実践の　　ポイント！

子どものむし歯の有病状況

　子どものむし歯は減少を続けているものの、永久歯が生えそろう中学生以降には、年齢とともにむし歯に罹患した本数が増える傾向があります。小学生時代の周囲の大人や社会に守られていた生活から、食べ物を次第に自由に選ぶ機会が増え、甘い物があふれる社会に巣立つのです。子どもたちがむし歯になりにくい社会をつくるさまざまな試みは着実に進んでいますが、甘い物が氾濫している社会に向かう子どもたちに、むし歯の成り立ちと生活習慣の関係は、しっかりと理解しておいてもらいたいところです。

　最近の研究では、ある地域で１年間にむし歯に罹患した永久歯502本のうち、約60％の300本が、最初の時点ではむし歯の永久歯が１本もなかった児童から発生したと報告[※]されています。そもそもむし歯になりやすいリスクの高い子どもたちだけではなく、リスクの少ないと思われる子どもたちにもむし歯が増えているのです。社会的な対策だけではなく、好ましい生活習慣の確立を目指した保健指導が必要でしょう。

むし歯になるメカニズム

　むし歯は、酸によって歯が溶ける病気です。この酸は歯垢にすむ細菌によってつくられます。砂糖に代表される糖質を細菌が代謝してつくりますが、この仕組みがかなり詳しくわかってきました。

　歯の表面にすみつく多くの常在菌は、糖類を代謝してエネルギーを得て生きています。そして、常在菌はそのエネルギーを利用して歯垢をつくり、細菌の増殖や酸をつくる足場にします。特に歯垢の中では、酸を多くつくる細菌が増えやすくなります。しかも、歯垢の厚みが増してくると、酸を中和する働きがある唾液の侵入を妨害します。一方で、砂糖や果糖は侵入しやすいといわれています。そのような仕組みの中で、むし歯ができやすい環境がつくられていきます。

なお、糖類には砂糖だけではなく、さまざまな食材に入っているブドウ糖、果糖、乳糖なども含まれます。砂糖よりもむし歯へのリスクは少ないのですが、いったん歯垢ができると、その内部に侵入し、そこで細菌に代謝されて酸をつくります。でん粉も唾液によって麦芽糖となって、酸の原料になります。酸ができない甘味料（ソルビトール、キシリトールなど）もありますが、多くの甘みを感じる糖はむし歯へのリスクがあると考えてよいでしょう。

　歯垢がたまっても、すぐにむし歯になるわけではありません。歯垢の内部の環境は変わりやすいので、歯の表面からミネラル（カルシウムやリンなど）が失われる初期のむし歯の状態である、いわゆる「ＣＯ」の状態では、唾液の再石灰化作用によって治ったり、食事の内容によって進行したりを繰り返します。そこで良い方向に向かうために、食べ物に気をつけたり、ブラッシングを上手にしたりすることが必要なのです。そのため、実際に穴が開くなどの欠損が起きない白濁や着色であるＣＯは要観察とされ、予防的な手段で改善することが目指されるのです。

むし歯を予防するためにできること

　みがき残して何か月もたまったままの歯垢は、よりむし歯へのリスクが高くなります。歯垢の厚みが唾液の働きを邪魔することや、酸が内部にたまりやすいことを考えると、歯垢の厚みを増やさないみがき残しへの対策は、ブラッシングの重要な目標になります。

　通常の食事でも一時的に酸性状態になりますが、唾液により次第に中和されていきます。そこで酸性状態の食後すぐにブラッシングすると歯を痛めるとの風評が流れましたが、根拠のない話です。その程度の状態で歯が壊れることはありません。食後のブラッシングは、食事が一段落してから行えば十分です。問題は、3度の食事の間に頻回に甘い物（嗜好品）をとることです。3度の食事を十分にとり、間食は最小限で済ませましょう。詳細は6章（73ページ〜）で詳しく解説します。

　むし歯への最大の効果的な対策は、甘い物への対策です。頻繁に口にすることは、歯にとってはリスクになると考えてください。ペットボトル入りの甘い飲み物などを、わずかな量でもたびたび口にするのは、むし歯につながります。時間や量を決めて、1日1回程度の「おやつ」であれば問題はありません。食べるときと食べないときの生活のリズムを整えることが、むし歯予防のもうひとつの作戦です。そのうえで、みがき残しの少ないブラッシングを身につけることが必要です。さらに、毎日の糖分の摂取量が少ないと、歯垢がついても粘着物質が少なく、ブラッシングで歯垢が取りやすくなり、毛先が触れるだけで、さらりと取れる状態になります。その意味でも、食生活を整えることがとても大事になります。

※東北大学 Kusama, T., Todoriki, H., Osaka, K., Aida, J., "Majority of New Onset of Dental Caries Occurred from Caries-Free Students: A Longitudinal Study in Primary School Students." *International Journal of Environmental Research and Public Health* 17(22): 8476, 2020

むし歯の進行

【収録フォルダ・ファイル名】2_mushiba → mushiba1.pptx

○初期のむし歯（CO）から、歯に大きな穴が開くほどのむし歯まで、その進行を実際の症例写真で見せることで、むし歯への危機感を持たせます。

○最後に、むし歯になる原因として、ニューブランの４つの輪（歯・細菌・糖・時間）に触れて、24ページからのむし歯の原因の詳細や予防の指導へとつなげます。

シナリオ

①歯の病気として「むし歯」がありますが、①〜④のどの歯がむし歯だと思いますか？（▲）答えは全部「むし歯」です。（▲）

- -

②むし歯の話をする前に、まずは健康な歯の話をしましょう。

この写真は、健康な奥歯を上から見たところと、その断面です。（▲）断面をよりわかりやすいように絵でも示します。

歯は、外側にとても硬い（▲）「エナメル質」があり、その内側に（▲）「象牙質」があります。そして、中央の穴が開いた部分には、痛みなどを感じる（▲）「神経」が入っています。（▲）

- -

③むし歯になり始めたときは、（▲）矢印で示した部分のように、歯の表面が少し白く濁った色になります。

このときは、まだ歯の表面が少し溶けただけで、本格的なむし歯になる一歩手前ともいえます。（▲）断面で示しても健康な歯とほとんど違いがありません。

これを（▲）「CO」と呼びます。この状態であれば、歯みがきや食事を見直すことで、歯科医院に行かなくても、自分の力で治すことができます。（▲）

- -

④COの状態をそのまま放っておくと、歯の外側の「エナメル質」が溶けていき、黒くなっていきます。

（▲）「C」と呼ばれる状態になり、まだ痛みはあまりありませんが、歯科医院で治してもらう必要が出てきます。（▲）

- -

⑤さらにむし歯がひどくなると、エナメル質の奥の象牙質まで溶けてしまい、痛みが強くなり、歯に穴が開いた状態になります。

もっとひどくなると、（▲）穴が大きくなって、歯全体が溶けていき、歯科医院でも治すのに時間がかかり、治せない場合もあります。（▲）

- -

⑥では、なぜとても硬い健康な歯がむし歯になって、歯が溶けてしまうのでしょうか？

そのカギを握るのは、（▲）ミュータンス菌などの「細菌」と（▲）お菓子などに入っている「砂糖などの糖」、そして（▲）「時間」です。

「細菌」が「砂糖」を食べるときに、歯を溶かす「酸」を出します。酸を出す「時間」が長いほど、むし歯になりやすいのです。

そのため、細菌を落とすための歯みがきと、細菌の餌になる砂糖をたくさんとらないようにすることが、予防につながります。

①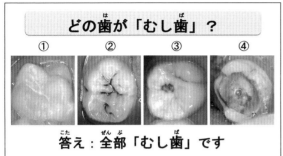

②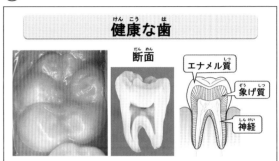

③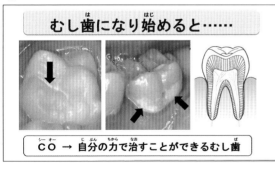

④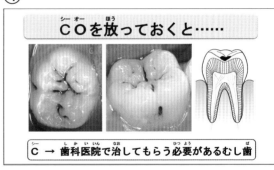

⑤ ☆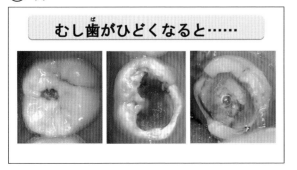

⑥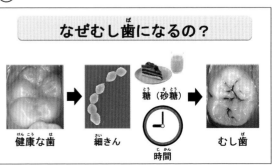

☆はアニメーションの一部分を表示したものです（ここでは表示されていない画像もあります）。

23

むし歯の原因

【収録フォルダ・ファイル名】2_mushiba → mushiba2.pptx

○ 22～23ページの「むし歯の進行」の最後のスライドを受けて、むし歯の要因となる細菌や糖、時間などについて、詳しく解説します。

○ 5枚目のスライドでは、「歯をみがかないと……」（14～15ページ）の実験の続きとして、大量についた歯垢の中で、初期のむし歯ができていたことを写真で見せます。

シナリオ

①なぜ、とても硬い健康な歯がむし歯になって、歯が溶けてしまうのでしょうか？
そのカギを握るのは、（▲）ミュータンス菌などの「細菌」と（▲）お菓子などに入っている「砂糖などの糖」、そして（▲）「時間」です。
今回は、そのカギについて、詳しく説明します。（▲）

②口の中には、目には見えないたくさんの細菌がいて、その中に、（▲）ミュータンス菌などの歯に悪い影響を与える細菌もいます。（▲）

③口の中にいる（▲）細菌が歯につき、（▲）歯に悪い細菌が仲間を増やしていきます。
そして、歯の表面に、（▲）ベタベタした「すみか」をつくります。これが（▲）「歯垢」です。（▲）

④歯に悪い細菌たちが歯につくる「すみか」である歯垢の材料は、私たちがおやつなどでとる「砂糖」です。
しかも、歯垢の中で、歯に悪い細菌たちは、砂糖から歯を溶かすことができる（▲）「酸」をつくってしまいます。
（▲）しかし、口の中を流れる唾液が、酸が歯を溶かす力を弱めてくれます。
（▲）ところが、長い「時間」、酸をつくる材料となる砂糖が口の中にあったり、歯に悪い細菌が多くいたりすると、（▲）唾液が酸の歯を溶かす力を抑え切れずに、歯が溶けてしまいます。
その溶かされた歯が（▲）「むし歯」なのです。（▲）

⑤ここで、今回説明したむし歯になる仕組みを、実際の歯で試した実験を紹介します。
まず、健康な歯を、（▲）歯に悪い細菌の代表でもある「ミュータンス菌」と砂糖がたくさん入った液体に2週間入れておきます。
すると、（▲）歯には歯垢がいっぱいつきました。
この歯垢をきれいに落とすと、（▲）歯の表面が少し溶けていて、歯が最初の状態より白く濁った色になっていました。（▲）

⑥実際の口の中では、唾液が歯から酸を流してくれるため、実験のようにすぐにむし歯になるわけではありませんが、（▲）歯に悪い「細菌」が（▲）「砂糖」を材料にしてつくった酸が出る（▲）「時間」が長くなると、むし歯になっていきます。

そのため、この３つを（▲）少しでも抑えることがむし歯の予防につながるのです。

では、どのようにすれば、この３つを抑えることができるのでしょうか？　考えてみましょう。

①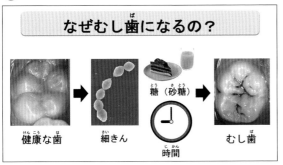

②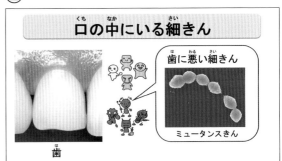

③ ☆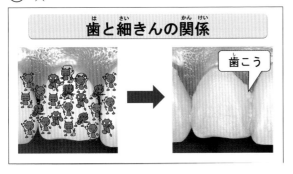

④ ☆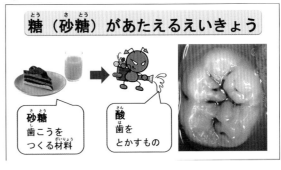

⑤ ☆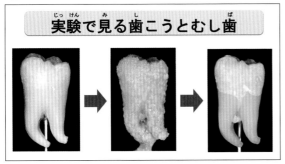

⑥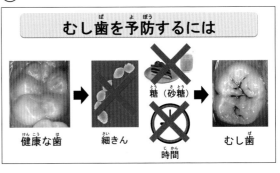

☆はアニメーションの一部分を表示したものです（ここでは表示されていない画像もあります）。

むし歯の予防

【収録フォルダ・ファイル名】2_mushiba → mushiba3.pptx

○ 22 ～ 25 ページのむし歯の進行や原因の内容を受けて予防法を解説し、最後に、きちんと予防することで、初期のむし歯は治すことができることも写真で紹介します。

○歯みがきやおやつの見直し方については、より詳しい指導を、5 章「歯のみがき方」(53 ～ 72 ページ)、6 章「おやつと砂糖」(73 ～ 82 ページ)でそれぞれ紹介します。

シナリオ

①歯は、口の中にいる(▲)歯に悪い「細菌」が(▲)「砂糖」を材料にしてつくった酸が出る(▲)「時間」が長くなると、むし歯になっていきます。

今回は、むし歯を予防するために、この 3 つを(▲)どのように抑えればいいのかについて、お話しします。(▲)

・・

②まずは、むし歯の原因となる歯に悪い「細菌」ですが、(▲)細菌は歯垢にすみついています。そのため、歯垢を落とせば、歯に悪い細菌もやっつけることができます。

しかし、歯垢は、歯にべっとりとついているため、口をすすぐだけでは落ちません。(▲)毎日「歯みがき」をして、歯垢を落とす必要があります。(▲)

・・

③しかし、歯をただみがくだけでは、口の中の歯垢はすべて落とせません。

歯と歯の間や歯の裏側、前歯から一番奥の歯まで、すべての歯を鏡を見ながら、しっかりと歯ブラシの毛先を当ててみがき、歯垢を落とすことが大切です。(▲)

・・

④次は、歯垢や歯を溶かす酸の材料となる「砂糖」についてです。

まずは、おやつに食べるものを見直してみましょう。

例えば、おやつがケーキとジュースだったとします。

(▲)砂糖が多く入っているケーキから、(▲)果物やおせんべいなどに替えたり、(▲)砂糖が多く入ったジュースから、(▲)砂糖が入っていない牛乳やお茶に替えたりすることで、砂糖をとる量を減らすことができます。

いきなり、ケーキとジュースの両方をやめるのは難しいかもしれません。

まずは、ケーキとジュースのどちらかを砂糖が入っていないものにするところから始めてもよいでしょう。ほかにも、ケーキを食べる量を少なくする、翌日のおやつでは砂糖が入った食べ物を食べないなどの方法もあります。

自分でやれそうな方法から試してみましょう。(▲)

・・

⑤おやつは「食べるもの」だけではなく、「食べ方」にも注意が必要です。

一番悪い食べ方は、「ダラダラと『時間』をかけて甘い物を食べる」ことです。

ダラダラと食べて、口の中に少しでも砂糖が入り続ける「時間」が長くなるほど、歯に悪い細菌たちは歯垢の中で、歯を溶かす酸を、どんどんつくり続けてしまいます。

酸をつくる「時間」を少しでも抑えるために、おやつは時間を決めて食べましょう。
また、おやつを1日に何度も食べるのではなく、(▲) できれば1日1回にしましょう。(▲)

⑥このような「毎日の歯みがき」や「おやつに食べるものや食べ方の見直し」をすること
で、歯の表面が白く濁った色になる「初期のむし歯」の場合は、(▲) 唾液の働きで、(▲)
酸によって溶けた部分が次第に治っていきます。

①

むし歯を予防するには

健康な歯　細きん　糖（砂糖）　時間　むし歯

②

細きんを増やさないためには

PIKA・PIKA

③

歯のすみずみまでみがこう

歯と歯の間　歯の裏側　おく歯

④

おやつを見直そう

⑤

おやつの食べ方を見直そう

できれば
おやつは
1日1回

⑥

初期のむし歯は自分で治せます

だ液

最近の"むし歯事情"

　むし歯をつくるのはミュータンス菌（正式名称は「ストレプトコッカスミュータンス」）が有名ですが、さまざまな研究で、むし歯が特定の微生物によって引き起こされる感染症ではなく、多くの常在細菌が私たちが食べた糖を利用してすみつき、酸をつくることがわかってきました。そのわずかな酸でも、歯の表面はむし歯になる直前の状態になりますが、すぐに唾液の働きで治してくれます。これを「再石灰化」といいます。そのため、唾液が十分に働く環境では、むし歯になることはありません。しかも、歯垢の中にいる細菌が糖質を分解して、わずかな間だけ酸性の状態になることは、歯周病を起こす細菌をすみにくくするという役割もあります。

　しかし、頻繁に糖の供給がされると、歯垢の中の酸性状態に適する細菌が増え、むし歯をつくりやすい歯垢へと変わっていきます。そのときにミュータンス菌が盛んに働くようになり、さらにむし歯の進行が加速されます。そして、結果的に「ミュータンス菌が増えてむし歯が進行する」というシナリオになるのです。しかし、実際は、歯垢の中に酸性の環境で生き残る多くの種類がいて、歯垢の環境や細菌の状態が変化しながら、むし歯ができていくのです。

　むし歯が感染症であることを重視して、乳幼児にミュータンス菌を感染させないために、育児の中で、保育者の唾液に触れさせないように箸やスプーンの共用をやめる提案もありますが、疫学的な研究からは効果が無いことが示されています。従って過度にスキンシップを避ける必要はありません。ミュータンス菌も含め、多くの常在細菌は保育者やペットからも伝播しますが、むし歯につながるためには、その後の食生活などの生育環境が重要です。細菌の構成は歯垢のついている場所や、たまった時間などに強く影響され、細菌同士が熾烈な生存競争をしていると考えられています。さらに、細菌は周囲の栄養状態に強く影響を受けます。砂糖の供給が少なくなると細菌の構成も変わり、酸をつくる細菌が少なくなる可能性もあります。人類は、砂糖が口の中に頻繁に入る機会が少ない中で長い間過ごしてきました。近年の砂糖を多量に食べることができる想定外の事態が、むし歯などの生活習慣病の増加の根源があるとも考えられます。

　21ページでも解説しましたが、砂糖以外にも甘みを感じる糖に、ブドウ糖や果糖などがあり、でん粉は唾液によって、麦芽糖へと変わります。それらの糖類からは歯垢の柱である粘着物質はできません。しかし、歯垢の厚みが増してくると、それらの糖類からも、多くの種類の細菌によって酸がつくられるのです。従って歯垢ができた歯にとっては、砂糖以外の甘みを感じる多くの糖質によっても酸がつくられることになり、むし歯へのリスクが高まります。

第3章

歯肉炎

第3章　歯肉炎

指導・実践の
　　　ポイント！

歯肉炎の特徴

　歯肉からの出血は、歯肉炎の症状のひとつですが、平成28年度歯科疾患実態調査の結果では、10歳〜14歳の24.6%が、歯肉から出血があると判定されています。年齢が上がるにつれ、歯肉からの出血がある人の割合も増え、40代で半分近くに出血が見られるようになり、歯周病に進行しています。

　歯科検診で、歯周疾患要観察者は「GO」、歯科医による診断と治療が必要な人は「G」と記入することになっていますが、GOとは、歯垢があり、歯肉に軽度の炎症症候が認められますが、歯石沈着は見られず、注意深いブラッシングなどを行うことで、炎症症候が消退するような歯肉の保有者です。

　口の中の細菌類は、通常はあるレベルにコントロールされています。食べるときの食物の流れや、頬や舌の動き、唾液の働きや歯肉の免疫的な作用により、細菌の増殖は抑えられているのです。しかし、糖分の摂取が増えてくると、歯の表面に歯垢がたまって、歯肉の方にも広がっていきます。そこでむし歯をつくる細菌とは違う種類の細菌が増え、歯肉炎が起きます。その結果、歯肉が赤くなり、腫れていく歯肉炎の病態が進みます。歯肉炎の発症には、むし歯とは細菌の種類もメカニズムも異なりますが、「歯垢が増えること」は、共通の原因になります。

　歯肉炎になり始めた頃は、歯肉の色と形が変わるだけで、通常は痛みを伴いません。自覚することが少ないので、指摘されるまでほとんど気づきません。炎症が進行すると、歯ブラシなどで触れると出血することがあり、そこで初めて気づきます。さらに綿棒や指で触ると、ぷくぷくと正常な部分より軟らかい感じがします。ここまでが「GO」と呼ばれる歯周疾患要観察者の状態で、これ以上症状が進むと「G」と呼ばれ、歯科医院に行く必要が出てきます。

歯肉が炎症を起こす理由

　歯肉の炎症は、歯垢からの刺激に対して、体が免疫反応を起こして戦っている姿です。病気の原因に対処するために血管が増えたり、血液がたくさん送り込まれたりして、戦う免疫物質を増やしているのです。その戦いの結果として、赤く腫れてくるのです。

　歯に接する歯肉との間には、歯肉溝と呼ばれる1〜2mmの隙間があります。歯肉炎の場合は、そこから出血します。しかし、通常は血液の血清成分からの滲出液が出て、体を守っています。その免疫作用のおかげで、小学生の歯肉炎が大人の歯周炎に進むことは、あまりありません。子どもの歯肉炎は赤く腫れることが主な症状で、歯を覆うように腫れることもあります。一方で、歯周炎とは、歯を支えている組織（歯肉や顎の骨）が失われてゆく病気で、歯肉炎が進行した状態ですが、多くは成人以後にかかります。

歯肉炎の指導のポイント

　子どもたちに予防の大切さを伝えるためには、その仕組みを理解させることが必要です。自分のこととして理解するためには、まずは自分の歯肉をよく観察することから始め、さらに、歯垢との関係を考える、歯垢が増えた原因を振り返ることが必要です。歯肉炎も歯垢が増えることがきっかけになりますので、食生活や毎日の歯みがきを振り返ることが大事になります。学校で実施される健康診断の後に、その結果を踏まえて、自分の歯を観察すると良い機会になるでしょう。

　歯垢には、たまりやすい場所があります。歯と歯の間、歯並びの悪いところなどが注意すべき場所です。小学校の時期は、乳歯から永久歯に次々に生え替わり、歯並びが絶えず変化する時期で、歯垢がとどまりやすく、歯肉炎になりやすい時期でもあります。さらに、咀嚼がしにくい時期でもあるので、とかく軟らかい食べ物になりがちです。それが、歯垢をためやすいことにつながります。加えて「ぽかん」と口を開けていることが多いと、歯肉が乾燥しやすくなり、歯肉炎を悪化させる原因にもなります。また、思春期特有の体調不良で炎症を増長してしまうことがあります。

　歯みがきは、歯の表面に付着する歯垢をねらって取ります。原因は歯垢ですから、腫れた歯肉にあまり触れずに、歯垢が取れる方法を見つけてください。歯肉に触れたときにわずかに出血することがありますが、痛みが無ければ、ゆっくりと丁寧にみがくことで、2、3日で改善します。痛みや出血が続くようでしたら歯科医の診断を受けてください。昔は歯肉を鍛えるために、意識して歯肉を歯ブラシでこすることを勧めていましたが、全く必要が無いことです。

　むし歯と歯肉炎の成り立ちや原因菌は異なりますが、どちらも歯垢を仲立ちとした病気です。従って、歯みがきで歯垢を取ることは共通して大切です。みがき残しを見つけ、歯の形に合った歯ブラシの届かせ方やみがき方を発見しましょう。歯の形や、歯並び、みがき癖は一人ひとり異なるので、「自分のみがき方」を発見することが目標になります。

歯肉を見てみよう

【収録フォルダ・ファイル名】3_shinikuen → shiniku1.pptx

MEMO

○歯肉炎の特徴である、歯肉の腫れや歯と歯の間の歯肉の丸み（膨らみ）を、健康な歯肉と比較した写真を使って、わかりやすく解説します。

○今回のスライドに掲載した写真を使った「歯肉炎チェックシート」をDVDに収録していますので、併せてご利用ください（詳細は100～101ページを参照してください）。

シナリオ

①この写真は、ある子どもの歯の写真です。歯を支えている歯肉の方に注目してください。きれいなピンク色をしていますね。これは（▲）健康な歯肉です。（▲）

②ではこちらの歯肉を見てください。これも、ある子どもの歯と歯肉の写真です。
先ほど見た歯肉と何か違いがありませんか？
こちらは、（▲）「歯肉炎」と呼ばれる病気になっている歯肉です。
みなさんは、最初に見せた歯肉と、今見ている歯肉のどちらに近いですか？
今から、健康な歯肉と歯肉炎の歯肉の違いを詳しくお話ししますので、自分の歯肉をチェックしてみましょう。（▲）

③まずは、歯肉の色に注目してみましょう。
今見ている写真は、最初に見せた健康な歯肉の上の歯と歯肉を拡大したものです。
（▲）歯肉が薄いピンク色をしていますね。薄いピンク色は健康な歯肉のあかしです。
では、（▲）歯肉炎を起こした歯肉はどうでしょうか。
健康な歯肉と比べて、（▲）赤い色をしています。
歯肉炎を起こして、歯肉にある血管の血液の量が増えて赤く見えるのです。（▲）

④次に健康な歯肉の下の歯と歯肉を拡大したものを見てみましょう。歯と歯の間にある歯肉の形に注目してください。（▲）角がとがった三角形になっているのがわかります。
では、（▲）歯肉炎を起こした歯肉と比べてみましょう。色はほぼ同じですが、（▲）歯と歯の間にある歯肉が丸みを帯びていて、膨らんでいます。
歯と歯の間にある歯肉が、健康なときは、三角形でたるみがなく、引き締まっているのに対して、歯肉炎になると、歯肉が膨らんで、丸みを帯びてくるのです。（▲）

⑤そして、歯肉炎によって丸く膨らんだ歯肉を触ると、ブヨブヨしています。
歯ぐきを触ったときにブヨブヨしているのも、歯肉炎の特徴のひとつです。
ブヨブヨした部分には、血液がたまっています。（▲）

⑥今まで、歯みがきをしていたときに、（▲）このように歯肉から血が出たことはありませんか？

歯みがきをしていて、歯肉から出血するのも、歯肉炎の特徴のひとつです。
歯肉炎の４つの特徴を説明しましたが、これらの症状があるにもかかわらず、（▲）痛み
は出ないことが多いため、気がつかないうちに歯肉炎になっていることがあります。
みなさんも、歯肉の色や形を鏡で見たり、歯肉を触ったりして、歯肉炎になっていない
かどうかをチェックしてみましょう。

①
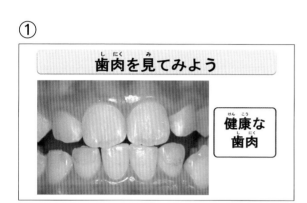

②
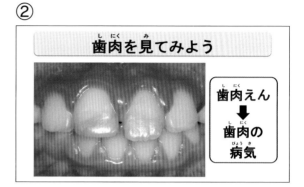

③
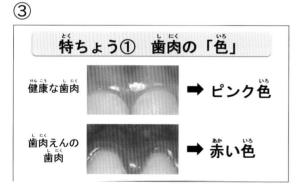

④
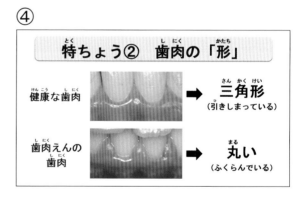

⑤

⑥

なぜ「歯肉えん」になるの？

【収録フォルダ・ファイル名】3_shinikuen → shiniku2.pptx

MEMO

○むし歯と違ってわかりづらい、歯肉炎が起こるメカニズムについて、『みんな そろった じぶんの歯』28 ページの内容をもとに、イラストでわかりやすく解説します。

○最後に、歯肉炎が悪化すると将来どうなるのかを、重度の歯肉炎や歯周炎の症例写真を見せて理解させ、痛みが無く、危機感を持たせづらい歯肉炎に対して、危機感を持たせて、歯肉の健康への意識を高めます。

シナリオ

①歯肉炎は、歯を支える歯肉が赤く腫れたり、歯と歯の間が膨らんで触るとブヨブヨしていたり、歯みがきをしているときに出血したりする病気で、みなさんも、気がつかないうちになっていることがよくあります。
では、なぜ「歯肉炎」になるのでしょうか？（▲）

②口の中には、さまざまな細菌がいて、その中に歯肉炎を起こす細菌もいます。
細菌の好きなものは、（▲）私たちが食事やおやつで食べる「砂糖」です。
そして、（▲）好物の砂糖を材料にすみかをつくります。
それが（▲）「歯垢」です。（▲）

③では、歯垢にすんでいる歯肉炎を起こす細菌が、どのように歯肉炎を起こしていくのかを、（▲）歯肉のイラストで説明します。（▲）

④歯垢が増えていくと、歯肉炎を起こす細菌たちも歯肉の方へとどんどん近づいていきます。
しかも、細菌たちは、歯肉を攻撃する物質を出していきます。
細菌たちに対して、歯肉はどうするのでしょうか？（▲）

⑤歯肉は、中にある血管や血液の量を増やして、細菌を倒すための物質を歯肉の表面にたくさん送り込んで反撃します。
歯肉の血管や血液の量が増えることで、（▲）歯肉が赤くなって、腫れるのです。（▲）

⑥歯肉炎が起こっているとき、歯肉と細菌が戦っていますが、痛みを感じることはほとんどないため、気がつかないことが多いのです。そのまま、何もしないでいるとどうなるのでしょうか？
歯肉炎を放っておくと、（▲）歯肉がどんどん腫れて、写真のように歯肉が歯を隠すほどになることもあります。
また、歯肉炎のときに出る血液などを養分にして、さらに細菌が増えてしまい、その影響で、歯肉の力が弱まり、歯肉の下で歯を支える骨が溶けてしまう（▲）「歯周炎」と呼ばれる病気になって、歯が抜けてしまうこともあるのです。

「歯肉炎」はこれらの重い病気にならないようにするための「サイン」でもあります。
では歯肉炎を予防するには、どうすればいいのでしょうか？　考えてみましょう。

①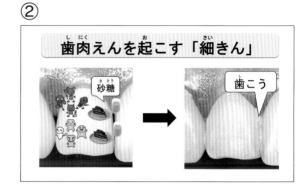

なぜ「歯肉えん」になるの？

②
歯肉えんを起こす「細きん」

砂糖

歯こう

③ ☆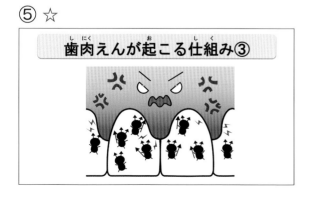

歯肉えんが起こる仕組み①

④
歯肉えんが起こる仕組み②

⑤ ☆

歯肉えんが起こる仕組み③

⑥ ☆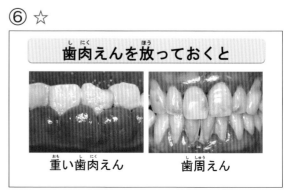

歯肉えんを放っておくと

重い歯肉えん　　　歯周えん

☆はアニメーションの一部分を表示したものです（ここでは表示されていない画像もあります）。

歯肉えんを予防するには

【収録フォルダ・ファイル名】3_shinikuen → shiniku3.pptx

○むし歯の予防（26 〜 27 ページ）と近い内容であり、併せて指導もできます。また、きちんと予防すると、自分の力で治すことができることも写真で紹介します。

○歯みがきやおやつの見直し方については、より詳しい指導を、5章「歯のみがき方」(53 〜 72 ページ)、6章「おやつと砂糖」(73 〜 82 ページ) でそれぞれ紹介します。

シナリオ

①歯肉炎は、砂糖を材料にしてつくった「歯垢」にすんでいる歯肉炎を起こす細菌が、歯肉と戦うことで起こります。

今回は、その歯肉炎を予防するためには、何をすればいいのかについて、お話しします。(▲)

②歯肉炎を起こす細菌は、(▲) 歯垢にすみついているので、歯垢を落とせば、細菌もやっつけることができます。

しかし、歯垢は、歯にべっとりとついているため、口をすすぐだけでは落ちません。

(▲) 毎日「歯みがき」をして、歯垢を落とす必要があります。(▲)

③しかし、歯をただみがくだけでは、口の中の歯垢はすべて落とし切れません。

歯と歯の間や歯の裏側、前歯から一番奥の歯まで、すべての歯を鏡を見ながら、しっかりと歯ブラシの毛先を当ててみがき、歯垢を落とすことが大切です。(▲)

④歯肉炎を起こす細菌の好物で、すみかである歯垢の材料にもなる「砂糖」も歯肉炎を起こす原因といえます。そのため、まずは、おやつに食べるものを見直してみましょう。

例えば、おやつがケーキとジュースだったとします。

(▲) 砂糖が多く入っているケーキから、(▲) 果物やおせんべいなどに替えたり、(▲) 砂糖が多く入ったジュースから、(▲) 砂糖が入っていない牛乳やお茶に替えたりすることで、砂糖をとる量を減らすことができます。

いきなり、ケーキとジュースの両方をやめるのは難しいかもしれません。

まずは、ケーキとジュースのどちらかを砂糖が入っていないものにするところから始めてもよいでしょう。

ほかにも、ケーキを食べる量を少なくする、翌日のおやつでは砂糖が入った食べ物を食べないなどの方法もあります。

自分でやれそうな方法から試してみましょう。(▲)

⑤おやつは「食べるもの」だけではなく、「食べ方」にも注意が必要です。

一番悪い食べ方は、「ダラダラと『時間』をかけて甘い物を食べる」ことです。

ダラダラと食べて、口の中に少しでも砂糖が入り続けるほど、歯肉炎を起こす細菌たちは歯垢をどんどんつくり続けてしまいます。

歯肉炎を起こす細菌が歯垢をつくるのを抑えるために、おやつは時間を決めて食べましょう。

また、おやつを1日に何度も食べるのではなく、（▲）できれば1日1回にしましょう。（▲）

⑥さらに、今回お話しした「毎日の歯みがき」や「おやつに食べるものや食べ方の見直し」をすることで、歯肉炎になるのを防げるだけではありません。

歯肉炎になっても、自分の力でもとの（▲）健康な歯肉に治すこともできるのです。

①

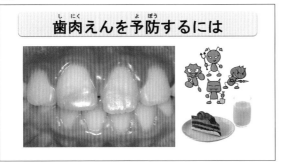

②

③

④

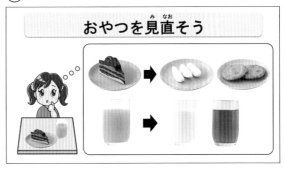

⑤

⑥

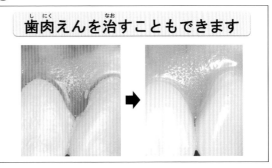

むし歯や歯周病、生活習慣病との気になる関係

　甘い物をとり過ぎると、歯の表面に細菌の塊である歯垢が増え、その中に酸がたまってむし歯になっていきますが、同時に歯肉炎や歯周炎を起こす細菌も増えて歯周病へのリスクも高まります。それ以外に、甘い物を消化吸収して体に取り込んでから、歯肉に悪さをするルートがあるのです。

　砂糖などの炭水化物は、消化・吸収されて体のエネルギー源になる大事な栄養ですが、体が利用できる以上の栄養が入ってくると、体の中で正常に処理できず、巡り巡って血管や細胞を傷つけ、歯肉にも炎症を起こしやすくするのです。この炎症は体のあちこちで起こり、多くの生活習慣病のリスクになることがわかっています。糖質は胃や腸で消化吸収された後、ブドウ糖として血管に運ばれます。その結果、血糖値が上がって満足感が得られるのですが、血糖は適切に内臓に運ばれなければなりません。しかし、甘い物をたくさん食べて血糖値が急速に上がると、内臓で処理できない血糖が血管内に漂ってしまい、血管や歯肉などの末梢の組織に負担をかけることがあります。

　成人の場合、歯肉を含めた末梢の臓器に炎症を起こしやすくなり、小児肥満の場合にも、これらの病態の初期症状が見られるようになってきました。これが多くの生活習慣病(むし歯、歯周病などの歯科疾患、肥満、心疾患、糖尿病、がん、循環器疾患など）の最も根本の原因になるのです。むし歯や歯肉炎の予防から食生活の改善を始めて、将来の生活習慣病の予防につなげましょう。子どもの頃の食習慣は成人後も続くことが多く、早めの改善が望まれます。

　糖分だけではなく、おいしさを高めるために脂質を組み合わせたケーキなどは、つい手が出てもっともっと欲しくなるような味につくられているため、病みつきになって食べ過ぎにもつながり、健康へのリスクが増えることが指摘されています。「食べてもこれが限度だ」という決断が必要なのです。

　さらに、生物にとって甘みや油脂の味は、「栄養価が高い食べ物」のサインであり、滅多に遭遇できないチャンスと感じて、本能的に「食べられるだけ食べる」というシグナルが脳から出ます。そのため、食べ過ぎてしまうことも無理のないことですが、そこへ迷い込まないための学習が必要なのです。

　嗜好品や調味料の砂糖は、摂取カロリーの10％以内、できたら５％以内にすると生活習慣病の予防になるとWHO（世界保健機関）が提案しています。砂糖の限度量は、詳しくは６章（73ページ〜）を参考にしてください。

　３度の食事で主食、主菜、副菜をバランスよく食べることが、甘い物を最小限にしても満足するコツです。それがむし歯予防や歯肉の健康を維持するのにも、さらにほかの生活習慣病を予防するためにも大切なのです。

第4章
歯みがきを始めよう！

指導・実践のポイント！

歯ブラシの選び方と注意点

　さまざまな形の歯ブラシが開発されているのは、歯の形の複雑さに対応しようと工夫を重ねているためですが、歯垢が取れるためには毛先が効果的に動くことも必要です。

　歯のすみずみまで毛先を届かせることを優先して、毛先の細い歯ブラシがつくられていますが、毛先の細い歯ブラシは、かき取る力が弱いため「届いても、歯垢を取りにくい」歯ブラシになりやすいので、一長一短があります。歯の形に合わせた複雑な毛先の歯ブラシもありますが、一部分の場所には適していても、ほかの部分では逆にみがきにくいので、一概に効率的な歯ブラシとはいえません。

　歯の形に合わせて工夫してみがく場合は、シンプルでフラットな柄や毛先の歯ブラシが適しています。さらに、子どもでも動かしやすいように、小ぶりの大きさがよいでしょう。また、歯ブラシの毛先が「硬い」ものは、歯肉を傷つけやすいので避けます。逆に「軟らかい」ものはきちんとかき取ることができないので、歯肉が弱っているとき以外は使いません。通常は中程度（普通）の硬さがよいのです。素材は、乾燥しやすく、水洗いできれいになりやすいナイロンが一般的です。使用後は、水洗いして乾燥させれば、消毒する必要はありません。

　素材の優劣は、ナイロン毛の丈夫さにかかってきます。力を入れたり、押しつけたりするみがき方をしていると、数日で毛先が開いてきますが、毛先を効果的に使うことをマスターすれば、数か月間は毛先を変形させずに使えます。一般的には１か月ごとに替えるように勧められていますが、毛先の使い方で変わっていきます。最も効果的な使い方は、歯の面に垂直に毛先を当てて動かすことですが、歯の面が曲面で凹凸があるため、どうしても毛先が変形し、最終的には開いてしまいます。毛先が開いた歯ブラシは清掃効果が激減するため、交換の時期と判断します。また、開かなくても長く使っていると、先端がやせて細くなってきます。そのときも交換の時期と判断します。長くても２〜３

か月に１回は交換が必要です。

　なお、歯ブラシの持ち方にこだわる人もいますが、毛先のコントロールが柔軟にできればよいので、"えんぴつ持ち"でも握る形でも差はありません。また、電動歯ブラシを使う人もいますが、電動歯ブラシでも毛先が歯垢に届かなければ取れず、押しつけ過ぎると毛先が曲がってしまいうまく取れません。毛先の動きや振動形態に各メーカーが工夫を凝らしていますが、何となく歯に当てるだけでは、みがき残しを解消できません。それほど歯の形は複雑なのです。鏡を見ながら、毛先が歯の面や歯垢に届いているかどうかを確認しながらスイッチを入れないと、電動歯ブラシを効果的に使うことはできません。やはり歯ブラシの使いこなしが必要です。

　また、歯みがき剤は、みがき残した歯垢を効果的に除去することや、その薬効で無害化することはできません。むしろ、清涼感があるため、「みがけた気になる」ことで歯みがきを終わりにしてしまうことがあるので、みがけたことを会得する感覚を養うためには、歯みがき剤をつけないでみがくことをお勧めします。

染め出しで「自分のみがき方」を発見しよう

　歯ブラシで歯垢を取るには、歯ブラシの毛先を歯垢に届かせて「毛先で弾くように」して取ることが最も効率的です。しかし、歯の形はほぼ曲面でできていて、歯垢は毛先が届きにくい場所で増えることから、届かせ方に工夫が必要になります。しかも、歯の形や歯並びは、人それぞれ異なっています。従って一人ひとりが「自分のみがき方」を発見することが必要になります。やみくもに時間をかけたり、力いっぱいみがいたりしても歯垢を落とすことには結びつかないと理解することが大事です。そのため、本書では、みがき方について紹介する前に、歯垢を染色液で明示して、それを効果的に落とす歯ブラシの使い方を発見することの大切さに焦点を当てています。

　染め出しの際に、歯肉も染まることがありますが、歯ブラシで歯肉をこする必要はありません。歯肉の粘膜が染まっているだけで、自然に落ちていきます。唇が染まるのも同じ理由のため、自然に落ちますが、唇につかないようにしたいときは、リップクリームなどをあらかじめつけておけば着色を防げます。また、歯に詰め物（充填処置）がされていると、染まることがあり、歯ブラシで取り切れないこともありますが、時間がたてば自然に取れます。詰め物が取れかかっている部分が染まることもあるため、詰め物に隙間や段差があるようでしたら歯科医に相談してください。すでに歯石になっていると、歯ブラシでは染まった部分が取れ切れないこともあります。その場合でも、時間がたてば自然に落ちることがほとんどですが、長引けば歯科医に相談が必要です。

　染色剤には液体と錠剤のものがありますが、歯垢が残っている歯を確実に染めるには液状のものが適しています。錠剤は染まり方にむらがあり、あまりお勧めできません。また、染め出し液の成分は、食品添加物として使用が許可されている製品がほとんどで、健康には全く問題はありませんが、多くの場合、染まりやすいようにアルコールなどが添加されているので、アレルギーのある方には使えません。

歯みがきをする前に

【収録フォルダ・ファイル名】4_migakihajime → hamigakimae.pptx

○歯みがき指導をする前の準備として、子どもが使用するのに適した歯ブラシや、ほかに使用するもの、歯ブラシの交換時期について、写真を入れて細かく紹介します。

○歯を「みがく」前に理解させておきたい、歯ブラシの毛先の当て方（力の入れ方）について、実際に毛先を歯に当てた写真とともに解説します。

シナリオ

①歯をみがくとき、どのようなものを使うとよいのでしょうか？
　今回は、歯ブラシの選び方など、歯みがきの練習をする前に知っておいてほしいことをお話しします。（▲）

②まずは、歯ブラシについてお話しします。歯ブラシは、どのようなものを使えばよいのでしょうか？
　（▲）歯ブラシの持つ部分を「柄」と呼びますが、この部分はまっすぐなものを選びましょう。
　（▲）歯ブラシの先にある、実際に歯をみがく部分を「毛先」と呼びます。毛先が細いものや太いもの、ブラシが平らなものやギザギザしたものなど、さまざまな種類のものがありますが、毛先が細過ぎず、ブラシがギザギザしていない、平らなものを使いましょう。かたさは「ふつう」のものを選ぶとよいでしょう。
　また、（▲）毛先の先端部分を「つま先」と呼び、（▲）後ろ側を「かかと」、（▲）両側を「わき」と呼びます。
　みがくときにうまく使い分けることで、歯をすみずみまでみがくことができます。（▲）

③うがいをするときに使うコップは、特に決まりはありませんが、落としても割れない、軽くて持ちやすいものを使いましょう。
　実際にうがいをするときに使う水の量は少ないため、小さいコップで構いません。（▲）

④もうひとつ、あると便利なのが手鏡です。歯ブラシの毛先が歯にしっかりと当たっているかどうかを確かめながらみがくことができます。
　壁にかけられている鏡などでも見ることができますが、（▲）小さい手鏡を動かして、さまざまな角度から歯を見ながらみがくことで、奥歯や歯の裏側などにきちんと毛先が当たっているかどうかを、確かめながらみがくことができます。（▲）

⑤歯ブラシは使っていくうちに、（▲）歯ブラシの毛先が外側に曲がっていってしまいます。歯ブラシの裏側から見て、毛先が見えるほど開いてしまっていると、毛先が歯にしっかりと当たらなくなり、歯の汚れである「歯垢」をしっかりと落とせなくなります。毛先が開いてしまっているときは、新しい歯ブラシに交換しましょう。（▲）

⑥歯ブラシやほかに使用するものについてわかったところで、実際に歯ブラシの毛先を歯に当ててみましょう。

（▲）歯の面に対して、毛先がまっすぐに当たっている状態が正しい当て方で、力を入れずに動かすことで、歯垢を落とすことができます。

一方で、（▲）歯に当てたときに毛先が曲がって開いていたら、力を入れ過ぎています。これでは、歯垢を落とすことができないだけではなく、歯や歯肉を傷つけてしまうこともあります。

毛先が歯の面にまっすぐに当たるように、力加減を調節しましょう。

なお、歯ブラシの持ち方に決まりはありません。歯垢がついているところに毛先が届いて、毛先を動かすことができる持ち方であれば、持ち方は自由です。

自分がみがきやすい持ち方で、力を入れずに歯ブラシを持つことが大切です。

①

②
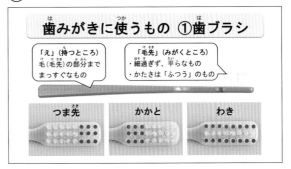

③

④

⑤
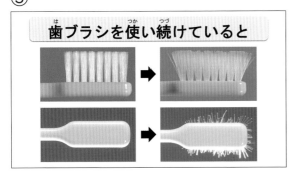

⑥
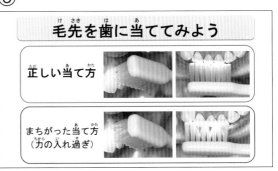

43

歯ブラシの動かし方

【収録フォルダ・ファイル名】4_migakihajime → ugokashikata.pptx

○歯垢をしっかりと落とせる歯ブラシの動かし方について、イラストによる解説だけではなく、実際に毛先を動かしている動画を見せて、実践しやすくします。

○毛先の動かし方を解説する動画では、良い例を見せた後で、悪い例も見せて、何が悪いのかを考えさせることで、正しい歯のみがき方への理解を深めます。

シナリオ

①歯みがきは、毛先を歯に当てるだけではなく、きちんと動かすことが大切です。
歯ブラシの毛先を動かす幅のことを「ストローク」といいます。
ストロークは、細かな部分をみがくときには小さくなり、大きな面をみがくときには大きくなりますが、（▲）歯の1～2本分の幅が良いストロークとされています。（▲）

②先ほど見たように、歯ブラシの毛先を歯の1～2本の幅で動かすと、きちんと歯垢が落ちます。
（▲）しかし、毛先を幅広く動かして、まとめて多くの歯をみがこうとすると、毛先が歯の面から離れやすいので、みがき残しが多くなり、力も入るので、歯や歯肉を傷つけることもあります。（▲）

③実際に良いストロークで歯をみがいている様子を見てみましょう。（▶再生）
毛先が歯の1～2本分の幅で動いていることがわかりますね。（▲）

④では、こちらはどうでしょうか？（▶再生）
歯ブラシが歯の1～2本分の幅で動いているように見えますが、毛先が全く動いていません。
これでは、歯の表面についた歯垢を取ることはできません。（▲）

⑤こちらはどうでしょうか？（▶再生）
歯ブラシは歯の1～2本分の幅で動いていますが、力が入り過ぎていて、毛先が歯の面で開いてしまっています。
これだと、歯垢がしっかりと落とせないだけではなく、歯や歯肉を傷つけることもあります。（▲）

⑥もう一度、良いストロークを見てみましょう。（▶再生）
毛先が歯の面にまっすぐに当たった状態で、歯の1～2本分の幅を、歯ブラシが毛先とともに動いているのがわかります。
自分の歯でも、鏡を見ながら、良いストロークができているかどうかを、確かめてみましょう。

（▶再生）は動画の「▶」ボタン（再生ボタン）をクリックするタイミングを示しています。

①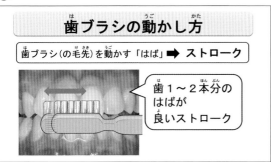

②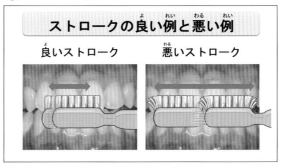

③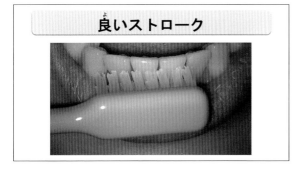

④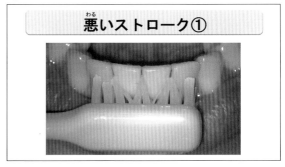

⑤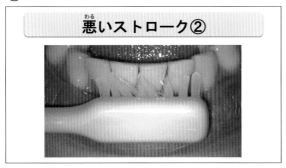

⑥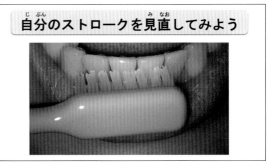

うがいのやり方

【収録フォルダ・ファイル名】4_migakihajime → ugai.pptx

○ここで紹介する「うがいのやり方」を歯みがきの後に行うことで、歯垢を外に出すだけではなく、口周りの筋肉を鍛えることもできます（84～85ページ参照）。

○イラストや説明だけでは正しいうがいのやり方をイメージできない子どもには、スライド5～6枚目の動画で口周りの動きを見せて、理解を深めます。

シナリオ

①今回は、歯みがきで落とした歯垢をすべて外に出すための、正しいうがいのやり方をお話しします。（▲）

②まずは、口の中に水を入れます。（▲）ここで大切なことは、水を「少しだけ」口の中に入れることです。
　水をたくさん入れ過ぎてしまうと、頬をよく動かせなかったり、うがいをしている途中で口から水が漏れたりしてしまいます。（▲）

③少しだけ水を口の中に入れたら、左右の頬を膨らませたり、しぼませたりして、水を左右の犬歯や奥歯にぶつけてみましょう。
　良いうがいをしていると、水の音がよく出ます。（▲）

④左右の犬歯や奥歯に水をぶつけたら、今度は、上と下の唇の裏に水を当てて、前歯に水をぶつけましょう。
　このときに、水が外に漏れないように、しっかりと口を閉じることが大切です。
　前歯にも水をぶつけたら、静かに水を外に出しましょう。これでうがいは終わりです。（▲）

⑤では、実際にうがいをしているとき、どのような口の動きをしているかを見てみましょう。
　まずは、左右の歯に水をぶつけているときです。（▶再生）
　左右の頬が膨らんだり、しぼんだりしているのがよくわかります。（▲）

⑥次に、前歯に水をぶつけているときの様子を見てみましょう。（▶再生）
　上や下の唇が動き、ぶつかっている様子がよくわかります。
　実際にうがいをするときに、このような動きができているかを確かめてみましょう。
　もしうまくできないときは、空気を口に含んで練習するのもよいでしょう。
　慣れてくると、左右の歯と前歯に水をぶつけることがスムーズにできるようになります。

（▶再生）は動画の「▶」ボタン（再生ボタン）をクリックするタイミングを示しています。

①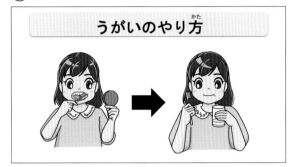

②

③

④

⑤

⑥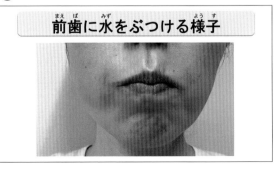

歯の染め出しをやってみよう

【収録フォルダ・ファイル名】4_migakihajime → hanosomedashi.pptx

○染め出し液による歯の染め出しの事前の準備や染め出す手順、みがいた後の対応などをダイジェストにして解説します。

○染め出された歯の歯垢を実際に落としている様子については、「動画で見る歯の染め出し」（50〜51ページ）で紹介しています。

シナリオ

①「歯の汚れ」である歯垢は、歯とほぼ同じ色で見えにくいため、みがき残しがよくわかりません。
そこで、みがき残しを確かめるために使うのが（▲）「染め出し液」です。
染め出し液を歯につけると、（▲）歯垢だけを赤く染めてくれるため、みがき残したところがはっきりとわかり、自分の歯のみがき方が正しいかどうかを見直すことができます。
（▲）

②それでは、染め出し液を使ってみがき残しをチェックしてみましょう。
まずは、染め出し液とアルミホイルなどでできた使い捨ての小さな皿、綿棒、タオルと洗濯ばさみ（またはエプロン）、歯ブラシ、手鏡を用意します。そして、（▲）タオルを首に巻いて後ろ側を洗濯ばさみで留めたり、エプロンを着たりして、服に染め出し液がつかないようにします。
（▲）その後、染め出し液を小さな皿に入れます。（▲）

③皿に入れた染め出し液を綿棒にしっかりと染み込ませて、（▲）手鏡を使って染め出し液を調べたい歯につけていきます。今回は、一番奥の歯を染めてみます。
歯にしっかりと染め出し液をつけたら、（▲）ブクブクうがいをしましょう。（▲）

④ブクブクうがいをした後で、歯が赤く染まっていたら、そこが歯垢の残っている（みがき残しがある）部分です。染まった歯をよく観察して、どのようにみがけば歯垢が落とせるのかを考え、（▲）実際に歯ブラシの毛先を歯の面に当てて落としてみましょう。
（▲）

⑤赤く染まった部分をきれいに落とすことができたら、もう一度染め出し液をつけてみましょう。
（▲）ブクブクうがいをして、染め出し液がついていなかったら、歯垢がきちんと落ちています。
（▲）もし赤く染まった部分があったら、きれいな白い歯になるまで、染め出しと歯みがきを繰り返しましょう。（▲）

⑥前歯の染め出しをするときは、表側や裏側に分けて、染め出しをやってみましょう。
　そして、赤く染まった部分を落とすことができたときのみがき方を、自分の歯に合った
　みがき方として覚えておくことが大切です。

①

歯の染め出しをやってみよう

染め出し液
歯の表面について
いる歯こうを
赤く染める液体

②

染め出しの準備

③

染め出し液を歯につける

染めたらブクブクうがいをする

④

染め出された歯をみがく

⑤ ☆

きれいに落としたら

ブクブク
うがい

⑥

前歯の染め出し

表側

裏側

☆はアニメーションの一部分を表示したものです（ここでは表示されていない画像もあります）。

動画で見る歯の染め出し

【収録フォルダ・ファイル名】4_migakihajime → douga_somedashi.pptx

○歯の染め出しについて、1本の前歯をきれいにすることを目標にして、白くなるまでみがいていく様子を動画で紹介します。

○実際に染め出しを行うときには、動画で紹介したみがき方のまねをするのではなく、自分の歯に合ったみがき方を染め出しの中で発見することが大切です。

シナリオ

①染め出し液で前歯を染めて、赤く染まった歯の歯垢を落とす様子を見てみましょう。
（▶再生）まずは、前歯を1本染めます。（▲）

② 歯を染めたら、うがいをします。
（▲）染めた歯にたくさん歯垢がついていたので、真っ赤に染まりました。（▲）

③（▶再生）まずは、前歯の中央の赤く染まった部分を落としてみましょう。（▲）

④（▶再生）次に前歯の右わきの歯垢を落としてみましょう。（▲）

⑤（▶再生）左わきの歯垢も落とし、赤く染まった部分が残らないように仕上げみがきをします。（▲）

⑥（▶再生）赤く染まった部分をすべてきれいに落としたら、もう一度染め出し液を塗ります。
（▲）塗り終わったら、ブクブクうがいをします。
（▲）うがいの後で、赤く染まった部分がなければ、歯垢がきれいに落ちています。
自分の歯で染め出しをして、染まった部分をきれいに落とし、自分の歯に合ったみがき方を見つけましょう。

（▶再生）は動画の「▶」ボタン（再生ボタン）をクリックするタイミングを示しています。

①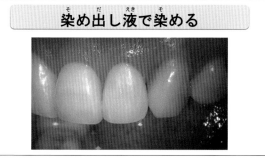

染め出し液で染める

②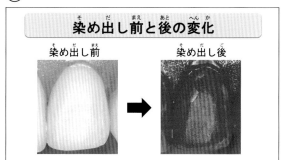

染め出し前と後の変化

染め出し前 ➡ 染め出し後

③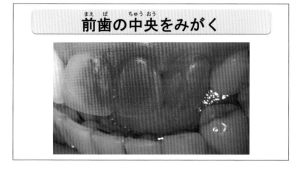

前歯の中央をみがく

④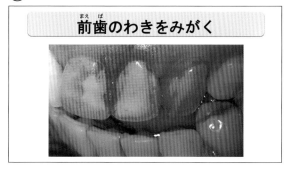

前歯のわきをみがく

⑤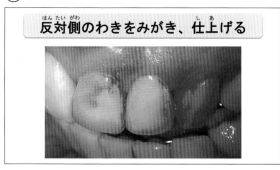

反対側のわきをみがき、仕上げる

⑥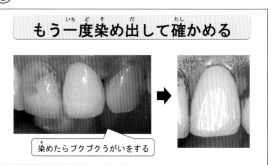

もう一度染め出して確かめる

染めたらブクブクうがいをする

「歯みがき」を子どもたちに伝えるヒント

　赤く染まった歯垢を歯ブラシで取り、だんだん白い歯が出てくる体験は子どもたちにとって大変面白く、夢中になります。しかし「恥ずかしさ」や、「汚いものを取る」という意識が強いとそうはならないので、その気持ちが全面に出ないような関わり方の工夫がポイントになります。著者は、歯みがきの大切さを子どもたちに伝えることを診療室や幼稚園・保育園、小学校で長年行ってきました。そこで実践してきた方法をいくつか紹介しています。

　子どもたちは、自分で探険・発見することを通して物事に興味を持つため、まずは「みがき方を『発見』してみよう」と呼びかけて、意欲を高めましょう。また、低学年であれば「私の歯はこんな形をしているので、このような工夫をしました」という自分の発見を発表するのは、歯みがきを教材化するときのひとつの方法です。きれいさを競うのではなく、課題の解決ができたことを認め合う作戦です。

　授業の中で染め出しを行う際に、歯垢を染色することへの拒否感が最大のハードルでしょう。まずは大人が染める様子を見せ、何でもないことを示し、「こんなところが染まった」などと面白さをアピールしてみましょう。養護教諭と担任が一緒であれば、担任が赤染めをして、子どもたちの前で実演することで拒否感を払拭しやすくなります。親子で学習する機会があれば、最初に親の歯を染めて「親子で落とし方を考える」ことも集団指導で行えるひとつの方法です。身近な大人が染めてみがいて落とす体験をすると、赤染めに対する不安な気持ちを一掃することもできます。そのうえで自分の歯の歯垢を落とすことにチャレンジするのも、発見する気持ちを高める方法だと思います。

　また、しっかりと歯を観察する呼びかけも大事です。具体的な方法として、赤く染まった歯垢の様子をそのまま、なるべく忠実にスケッチします。スケッチする範囲は子どもの能力に応じて決めます。1本でも複数の歯でも構いませんが、じっくり取り組む雰囲気をつくりましょう。できれば、最初に前歯3本程度の形を画用紙などに大きく描き、そこを赤く塗っていけば、歯の個性的な特徴とみがき残しやすいところがわかり、それに合わせたみがき方が発見できます。スケッチはみがく対象としっかり向き合う良い機会にもなります。

　教室内で歯みがきの指導を行うときは、いちいち水場に行かないで済む工夫が必要です。各自の机ですべての作業ができるように、口をゆすいだときに使う吐き出し用の半分に切った牛乳パックを用意すると実習がスムーズに行えます。

　歯垢を染めてからきれいに落とすまでの手順が理解できれば、染め出しを自分で行わせます。衣類につくと何度か洗濯をしないと取れませんので注意が必要ですが、低学年でも難しいことではありません。

第5章

歯のみがき方

第5章　歯のみがき方

指導・実践の　　　　　ポイント！

自分のみがき方を発見しよう

　効果的な歯のみがき方を発見する第1のステップとして、まず歯垢のついている所に歯ブラシの毛先を当てる、その後に毛先を動かすといったように、ブラッシングの動きを分解して説明すると伝わりやすくなります。その2つの動作が適切にできないと歯垢は取れません。やみくもにみがくのではなく、歯ブラシの動きを意識させるのがポイントになります。いわば「狙って落とす」ブラッシングです。

　また、毛先を歯垢に当てるときに、押しつけると毛先がつぶれてしまい、毛先を有効に使うことができません。「毛先を歯垢にのせる」という感覚で伝えるとわかりやすいかもしれません。次に毛先を動かすのですが、そのとたんに毛先が歯垢から浮き上がってしまうこともよく見られます。歯の曲面をなでるように、毛先が浮かないように使うのがコツです。言葉で説明すると難しく感じますが、コップなどをブラシできれいにするときに自然に行っているはずです。曲面でできている物をブラシでこするには、対象が何であれ同じ動きになります。後は前歯、犬歯、小臼歯、大臼歯とそれぞれの形に合わせて動きを見つけていくことになるのです。この章を参考にして「自分のみがき方の発見」を目指してください。

　歯みがきの練習は、周囲の歯肉が健康な歯で行うことが原則になります。Gと診断された児童は、一度、歯科医の細かな診査が必要なので、軽度の場所を探して練習します。今まで歯垢がたまっていた場所に毛先が届くようになると、出血が見られることがあります。わずかににじむ程度から、歯ブラシが赤く染まる程度までさまざまですが、歯肉を過剰にこすっていなければ、続けても問題はありません。痛みを感じるならば、練習を終わりにさせます。

　歯垢を効果的に取る原則は、歯の面に垂直に歯ブラシの毛先を当てて、毛先の動きでこすり取るだけです。しかし、歯の形は複雑で、曲面でできています。しかも、乳歯と

生え替わり中だと、まんべんなくみがくには、厄介な状態です。そこで、歯に付着した歯垢を取るのは、個別的な工夫が必要です。一人ひとりみがき方が異なる可能性があるのです。まずは日々行っている方法でみがき、みがき残したところの解決策を見つけていけば、次第に全体として効率的な方法が身につきます。

　歯は、溝やくぼみ、多くの曲面でできていますが、鏡で観察し、指で触ることが、その理解を助けます。さらに、染め出しをすると、みがけていないところが観察しやすくなります。染まると恥ずかしくなり、目を背けることもありますが、よく観察することから始めることが重要です。染まった状態をスケッチすることも良い方法です。

　この章では、赤く染まった歯垢を確実に取るための毛先の届かせ方について、歯の種類や部位に分けて紹介します。これが正解ということではなく、工夫の仕方のサンプルとして理解してほしいのです。歯の形、生えている方向、歯並びの状態でさらに個別的な工夫が必要になるはずです。

　意識していなくても、きれいにブラッシングができている子どももいるはずです。反対に、歯垢がべったりとついている子どももあり、おのおのの課題は異なりますので、目標設定を行うことが必要となります。まずは1〜2本の歯を染めることから始め、もしきれいであればほかの部位を染めることで、問題点を見つけることができます。1本の歯でも、染まる場所が多ければ、みがき方を見つけるのにも時間がかかるため、その部位に集中することが必要になります。おのおのの課題に向き合う作戦です。

歯垢が取れないとき

　歯垢の取れやすさは、まずは歯ブラシの使い方がポイントですが、歯垢の粘着力は食事内容に影響を受けます。砂糖などをとる量が多いときや、みがき残している期間が長いと歯垢の厚みが増え、取るのに時間がかかることもあります。歯垢が落としにくいときは、食生活や日々の生活サイクルを振り返る良い機会です。

　厚い歯垢の底ではすでに歯石になっていることもあります。その状態であればブラッシングできれいにすることは難しくなります。深い溝に入り込んだ歯垢も取り切るのが難しいこともあります。特にかむ面（咬合面と呼ばれます）には深い溝があります。通常は、咀嚼による食べ物や唾液の流れで、歯垢はたまりにくくなっているものの、かみ合わせの不具合や、硬いものをかむことが少ないと歯垢がたまる可能性があります。さらに歯垢が取れた後に初期むし歯があった場合、脱灰により歯の表面が粗くなっていると、歯垢が取り切れないこともあり、その場合は歯科医の診察が必要になります。

　狙った歯垢が完全にきれいになることが目標ですが、歯垢の厚みが薄くなるだけでも十分意味はあります。歯垢に厚みがなければ、唾液の効果によって、むし歯や歯肉炎などの疾患の予防につながります。そして、みがき続けることで、唾液の作用で歯垢がたまりにくくなり、また取れやすくもなります。従って、厚みのある歯垢が薄くなることも、歯みがきの効果のひとつと考えてよいでしょう。

前歯のみがき方

【収録フォルダ・ファイル名】5_hamigaki → maeba.pptx

○『たんけん はっけん じぶんの歯』16 ～ 19 ページ、『みんな そろった じぶんの歯』14 ～ 17 ページの内容に準拠しています。

○本書の 68 ～ 69 ページ「動画で見る前歯のみがき方」では、実際に前歯をみがいている様子の動画を紹介しています。

シナリオ

①前歯は、歯並びの一番前にある（▲）上と（▲）下にそれぞれ４本ある歯です。
それらの歯のみがき方をお話しします。（▲）

②前歯をみがくときは、前歯を（▲）「正面」、（▲）「歯と歯の間」、（▲）「裏側」の３つに分けてみがきます。（▲）
そのときに、歯ブラシの毛先の（▲）「全面」、（▲）「わき」、（▲）「かかと」をうまく使い分けることが大切です。（▲）

③上の前歯の正面をみがくときは、歯ブラシの毛先を歯の面にまっすぐに当ててから、（▲）毛先の全面を使います。
毛先が開かないような強さで、歯ブラシを動かしましょう。（▲）

④歯と歯の間をみがくときは、歯ブラシを縦にして毛先を当てましょう。
（▲）毛先のわきを使うと、しっかりと当てることができます。
当たったら、毛先をつぶさないようにして、歯ブラシを動かします。
（▲）反対側も同じように（▲）わきを使ってみがきましょう。（▲）

⑤下の前歯も、上の前歯と同様に、歯の面に対し、歯ブラシの（▲）毛先の全面を当ててみがきます。
（▲）歯と歯の間も、（▲）毛先のわきを当ててみがき、（▲）反対側も同じようにみがきましょう。（▲）

⑥前歯の裏側はくぼんでいるため、毛先が当たりづらい部分です。
歯ブラシの（▲）毛先のかかとを使うと、しっかりと当てることができます。
当たったら、毛先がつぶれないように注意しながら、歯ブラシを動かします。
（▲）下の歯も同じように、（▲）毛先のかかとを使ってみがきます。
上下４本ずつの前歯の「正面」、「歯と歯の間」、「裏側」がみがけたら、前歯の歯みがきは終わりです。

①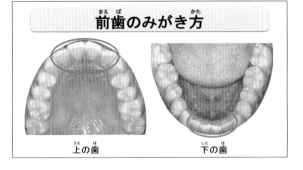

前歯のみがき方

上の歯　　　　　下の歯

② ☆

前歯をみがくときは

全面

わき

正面　歯と歯の間　裏側　かかと

③

①正面のみがき方

全面

④ ☆

②歯と歯の間のみがき方

わき

⑤ ☆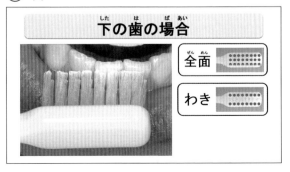

下の歯の場合

全面

わき

⑥ ☆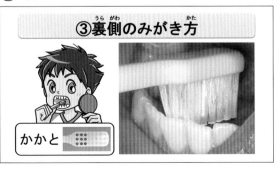

③裏側のみがき方

かかと

☆はアニメーションの一部分を表示したものです（ここでは表示されていない画像もあります）。

第1大きゅう歯のみがき方

【収録フォルダ・ファイル名】5_hamigaki → dai1daikyushi.pptx

○『たんけん はっけん じぶんの歯』14 ページ、20 〜 23 ページ、『みんな そろった じぶん
の歯』22 〜 23 ページの内容に準拠しています。

○本書の 70 〜 71 ページ「動画で見るおく歯のみがき方」では、第 1 大臼歯をより細か
く分けてみがいている様子の動画を DVD-ROM に収録しています。

シナリオ

①第 1 大臼歯は、「6 歳臼歯」とも呼ばれる、（▲）上と（▲）下にそれぞれ 2 本ずつある大
きな歯です。
それらの歯のみがき方をお話しします。（▲）

②第 1 大臼歯は、歯の中では一番大きく、（▲）歯の根っこも大きい、一番丈夫な歯です。
しかし、（▲）一番むし歯になりやすい歯でもあるため、きちんとみがく必要があります。
みがくときは、（▲）「外側」、（▲）「かみ合う面」、（▲）「内側」の 3 つに分けてみがきま
す。（▲）

③上の第 1 大臼歯の外側をみがくときは、口をあまり開けずに、歯ブラシで口を横に広げ
ながら、毛先を奥に送り込んで、歯の外側に毛先が当たっているのを確認しながらみが
きます。（▲）

④上の第 1 大臼歯のかみ合う面は、歯ブラシの毛先を上向きにして、かみ合う面にしっか
りと当ててみがきます。
（▲）内側は、鏡で毛先が歯の内側に当たっていることを確認しながら、みがきます。
片側の上の第 1 大臼歯の外側・かみ合う面・内側をみがき終えたら、反対側の上の第 1
大臼歯の外側・かみ合う面・内側もみがきましょう。（▲）

⑤下の第 1 大臼歯の外側をみがくときは、頬の力を抜き、歯ブラシを横向きにして、歯の
面に毛先を当てて、みがきます。（▲）

⑥下の第一大臼歯のかみ合う面をみがくときは、歯ブラシを下向きにして、かみ合う面に
毛先がきちんと当たっていることを確かめながら、みがきます。
（▲）内側をみがくときは、歯ブラシを横にして、舌をよけながら、毛先を歯の内側の
面に届かせるようにします。
片側の下の第 1 大臼歯の外側・かみ合う面・内側をみがき終えたら、反対側の下の第 1
大臼歯の外側・かみ合う面・内側もみがきましょう。
これで、第 1 大臼歯の歯みがきは終わりです。

①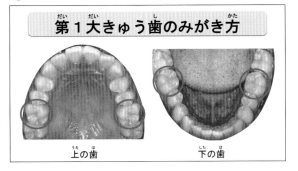

第１大きゅう歯のみがき方

上の歯　　　　下の歯

② ☆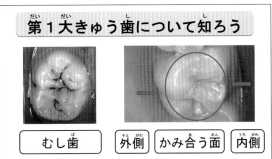

第１大きゅう歯について知ろう

むし歯　　外側　かみ合う面　内側

③

①上の歯（外側）のみがき方

④ ☆

②上の歯（かみ合う面・内側）のみがき方

⑤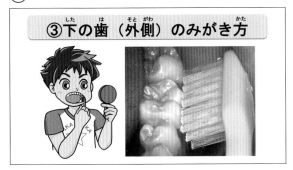

③下の歯（外側）のみがき方

⑥ ☆

④下の歯（かみ合う面・内側）のみがき方

☆はアニメーションの一部分を表示したものです（ここでは表示されていない画像もあります）。

生えたばかりの歯のみがき方

【収録フォルダ・ファイル名】5_hamigaki → haetabakari.pptx

○クリックすると、実際の前歯や犬歯、臼歯が生え変わる様子を歯の写真が変化するアニメーションで再現します。

○生えたばかりの奥歯のみがき方の工夫や、生えたばかりの歯の周囲にむし歯ができていたときの対応などについても、写真を入れて解説します。

シナリオ

①これは、低学年と高学年の上の歯の写真です。どこが違うかわかりますか？
歯の本数も大きさも違いますね。子どもの歯の多くは、小学生のときに、大きくて丈夫な歯に生え替わっていきます。（▲）

②これは、前歯が抜けたばかりのときの写真です。
しばらくすると歯肉が膨らんでいき、（▲）立派な大人の前歯が顔を出してきます。
さらに時間がたつと、（▲）さらに伸びていきます。（▲）

③この写真は、子どもの歯（犬歯）が抜けた後の様子です。
少したつと、歯肉が膨らんで、（▲）犬歯の特徴である、とがった先の部分が顔を出しました。
先の部分が出てから数週間たつと、（▲）立派な大人の犬歯になります。
（▲）今出た写真は、奥歯のひとつである「第1大臼歯（6歳臼歯）」が、少しだけ顔を出した様子です。
数日たつと、（▲）奥歯が伸びてきました。
また数日たつと、（▲）もっと伸びていきます。あともう少しです。
そして、（▲）立派な第1大臼歯（6歳臼歯）になります。（▲）

④丈夫な大人の歯でも、生えたての歯は、とても弱く、むし歯にもなりやすい状態です。
鏡を見ながら、生えたばかりの歯の面にしっかりと歯ブラシを当てて、丁寧にみがきましょう。（▲）

⑤生えたばかりの奥歯をみがくときは注意が必要です。
正面からまっすぐに歯ブラシを奥に入れて歯の面に毛先を当てようとしても、（▲）前にある乳歯（子どもの歯）の方が高さが高いため、高さが低い生えたばかりの奥歯に毛先を当てることができません。
毛先を当てるようにするには、（▲）歯ブラシを口の横から、口を広げるようにして入れると、（▲）きちんと生えたばかりの奥歯の表面に毛先を当てることができます。（▲）

⑥歯が生え替わったばかりで、まだ小さいときは、その歯の周囲の歯も注意して見てみます。
写真のように、生えたばかりの歯の奥の歯に（▲）むし歯ができています。
そのままにしていると、生えたばかりの歯が成長して、むし歯が見えなくなって、さらにひどくなることもあるため、生えたばかりの歯の周囲の歯で何か気になることがあれば、すぐに歯科医院でみてもらいましょう。

①

生えたばかりの歯のみがき方

小学校低学年の歯　　　小学校高学年の歯

② ☆

前歯が生えかわる様子

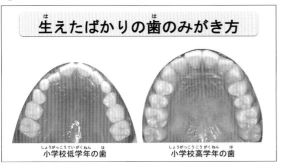

③ ☆

犬歯・おく歯が生えかわる様子

④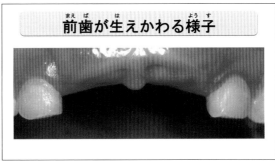

生えかわるときもきちんとみがこう

⑤ ☆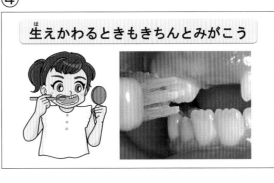

生えたばかりのおく歯をみがくときは

⑥

生えかわる歯の周りも注意しよう

☆はアニメーションの一部分を表示したものです（ここでは表示されていない画像もあります）。

犬歯のみがき方

【収録フォルダ・ファイル名】5_hamigaki → kenshi.pptx

○『どんどん はえる じぶんの歯』24 〜 27 ページ、『みんな そろった じぶんの歯』18 〜 19
　ページの内容に準拠しています。

○みがき方に関して、前歯と同様に、中央、歯と歯の間、歯の裏側にみがき分けをして、
　その際に届きやすい毛先の部分についても、写真を入れて紹介します。

シナリオ

①犬歯は、（▲）上と（▲）下にそれぞれ２本ずつある、ほかの歯に比べて先がとがってい
る歯です。
　それらの歯のみがき方をお話しします。（▲）

②犬歯の表側をみがくときは、（▲）「中央」、（▲）「歯と歯の間」、（▲）「裏側」の３つに分け
てみがきます。（▲）
　そのときに、歯ブラシの毛先の（▲）「全面」、（▲）「つま先」（先端）、（▲）「かかと」（後ろ
側）をうまく使い分けることが大切です。（▲）

③犬歯の中央をみがくときは、（▲）毛先の全面を使い、歯の面に毛先を押し当てないよう
にやさしくみがきます。（▲）

④上の犬歯の、歯と歯の間をみがくときは、歯ブラシを縦にして毛先を歯の面に当てます。
　（▲）毛先のつま先（先端）を使うと、しっかりと当てることができます。歯に当てたら、
毛先をつぶさないようにして、歯ブラシを動かします。
　（▲）奥の方は、歯ブラシを少し回し、（▲）つま先を使ってみがきましょう。（▲）

⑤犬歯の裏側をみがくときは、まずは、歯ブラシの（▲）つま先（先端）を歯の面に当てます。
当たったら、毛先のつま先からかかと（後ろ側）へと、滑らせるように歯ブラシを動か
します。（▲）
　そして、（▲）毛先のかかとが歯の裏側の溝に当たったら、再び、つま先へと動かしましょ
う。（▲）

⑥下の犬歯も、上の犬歯と同じように、中央は歯ブラシの（▲）全面を当ててみがきます。
　（▲）歯と歯の間は、（▲）毛先のかかと（後ろ側）を当ててみがきます。（▲）反対側も同
じようにみがきます。
　（▲）裏側は、（▲）毛先のかかとや、（▲）つま先（先端）を使って、歯の面で滑らせるよ
うにして、みがきます。
　上下２本ずつの犬歯の「中央」、「歯と歯の間」、「裏側」がみがけたら、犬歯の歯みがき
は終わりです。

①

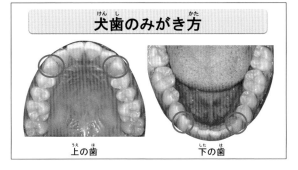

犬歯のみがき方

上の歯　　　下の歯

② ☆

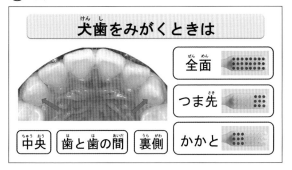

犬歯をみがくときは

全面	
つま先	
中央	歯と歯の間	裏側	かかと	

③

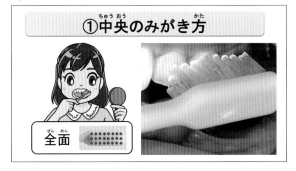

①中央のみがき方

全面

④ ☆

②歯と歯の間のみがき方

つま先

⑤ ☆

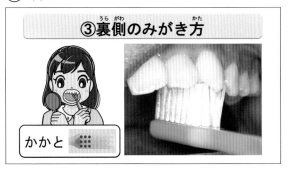

③裏側のみがき方

かかと

⑥ ☆

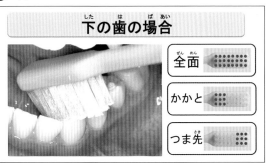

下の歯の場合

全面	
かかと	
つま先	

☆はアニメーションの一部分を表示したものです（ここでは表示されていない画像もあります）。

小きゅう歯のみがき方

【収録フォルダ・ファイル名】5_hamigaki → syokyushi.pptx

○『どんどん はえる じぶんの歯』14〜19ページ、『みんな そろった じぶんの歯』20〜
21ページの内容に準拠しています。

○最初に萌出中の小臼歯のみがき方を紹介し、上・下の歯をそれぞれ外側と内側に分けて、
写真でみがき方を解説します。

シナリオ

①小臼歯は、大臼歯と犬歯の間にある歯で、（▲）上と（▲）下にそれぞれ4本ずつあります。
今回は、小臼歯のみがき方をお話しします。（▲）

②まずは、小臼歯が生えそろう前のみがき方についてお話しします。
生えたばかりでは、周囲の歯よりも低く、みがきにくいため、鏡を見ながらしっかりと、
歯ブラシの毛先を歯の外側、（▲）歯の溝の部分、（▲）内側に当てて、みがきます。
また、（▲）生えたばかりの歯の奥にある歯の側面もきちんとみがきましょう。（▲）

③ここからは、小臼歯が生えそろった後のみがき方について、お話しします。
上の小臼歯の外側は、（▲）毛先のつま先（先端）を使って、手前と（▲）中央、（▲）奥の
3つに分けてみがきます。
どの部分も、毛先を歯に押しつけ過ぎずに、しっかりと当ててみがきましょう。（▲）

④上の歯の内側も、毛先を回転させながら、毛先のつま先（先端）を使って、手前、（▲）
中央、（▲）奥の3つに分けてみがきます。（▲）

⑤下の歯の手前の部分は、（▲）毛先のつま先（先端）を使って、力を入れずにみがきます。
そして、歯ブラシを回しながら、（▲）中央は（▲）毛先のわき（両側）を使い、（▲）奥は
（▲）つま先（先端）を使い、歯の面にしっかりと当ててみがきましょう。（▲）

⑥下の歯の内側は、手前の部分は毛先の（▲）かかと（後ろ側）を使うと、歯の面に当たり
やすくなります。
（▲）中央は毛先のわき（両側）を使い、（▲）奥は（▲）つま先（先端）を使うと、歯の面
に当たりやすくなります。
どの部分をみがくときも、鏡で毛先が歯の面に当たっているかをチェックしながらみが
くことが大切です。
上下左右にそれぞれ2本ずつある小臼歯の手前、中央、奥がみがけたら、小臼歯の歯み
がきは終わりです。

①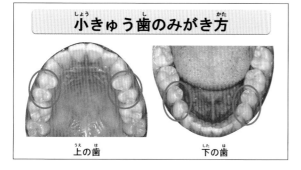

小きゅう歯のみがき方

上の歯　　　下の歯

② ☆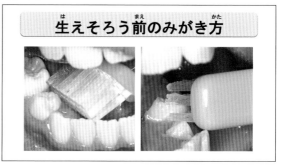

生えそろう前のみがき方

③ ☆

①上の歯（外側）のみがき方

つま先

④ ☆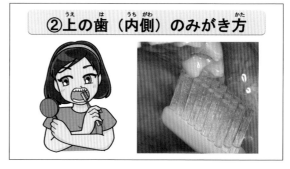

②上の歯（内側）のみがき方

⑤ ☆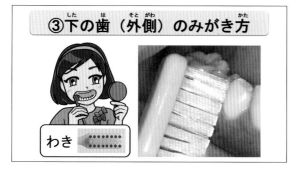

③下の歯（外側）のみがき方

わき

⑥ ☆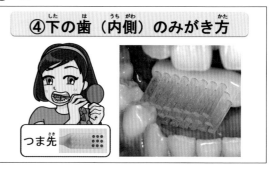

④下の歯（内側）のみがき方

つま先

☆はアニメーションの一部分を表示したものです（ここでは表示されていない画像もあります）。

第2大きゅう歯のみがき方

【収録フォルダ・ファイル名】5_hamigaki → dai2daikyushi.pptx

MEMO

○『みんな そろった じぶんの歯』6〜9ページの内容に準拠しています。

○みがき方について、まずは、一番歯ブラシの届きにくい上の第2大臼歯の外側のみがき方を詳しく解説し、内側・かみ合う面についても写真を入れて解説します。

シナリオ

①第2大臼歯は、（▲）上と（▲）下にそれぞれ2本ずつある、一番奥の歯です。
それらの歯のみがき方をお話しします。（▲）

②第2大臼歯をみがくときは、（▲）「外側」、（▲）「かみ合う面」、（▲）「内側」の3つに分けてみがきます。（▲）
第2大臼歯は、一番奥にあって歯ブラシが届きにくいため、みがき方を工夫したり、歯ブラシの毛先の（▲）「全面」、（▲）「つま先」（先端）、（▲）「かかと」（後ろ側）をうまく使い分けたりして、毛先を歯の面にしっかりと当ててみがく必要があります。（▲）

③はじめに上の第2大臼歯のみがき方についてお話しします。外側をみがくときに、口を大きく開け過ぎると、歯ブラシの毛先が当たりません。
口を閉じぎみにして、毛先を第2大臼歯の後ろ側に送り込むようにすると、歯の表面に当てることができます。
（▲）一つ手前の第1大臼歯（6歳臼歯）との間をみがくときは、口を開けて、（▲）毛先のつま先（先端）を使ってみがきましょう。（▲）

④上の第2大臼歯の内側をみがくときは、口を開けて、毛先が歯の内側の面に当たっていることを鏡で確かめながらみがきます。
（▲）かみ合う面も大きく口を開け、歯ブラシを上向きにして奥に送り込み、凸凹したかみ合う面にしっかりと毛先を当ててみがきます。
片側の上の第2大臼歯の外側・かみ合う面・内側をみがき終えたら、反対側の上の第2大臼歯の外側・かみ合う面・内側もみがきましょう。（▲）

⑤下の第2大臼歯の外側は、口をしっかりと開けて、鏡をよく見ながら、毛先を歯の面に当ててみがきましょう。
（▲）第1大臼歯（6歳臼歯）との境目は、歯ブラシの（▲）毛先のかかと（後ろ側）を使うことで、しっかりと当てることができます。（▲）

⑥下の第2大臼歯の内側をみがくときは、口を開けて、（▲）毛先のつま先（先端）を使って、歯の一番奥の部分にうまく当ててみがきましょう。

（▲）かみ合う面は、歯ブラシを下向きにして奥に送り込み、一番奥まで毛先を届かせてから、小刻みに動かしてみがきましょう。

片側の下の第2大臼歯の外側・かみ合う面・内側をみがき終えたら、同じやり方で反対側の下の第2大臼歯の外側・かみ合う面・内側もみがきます。

これで、第2大臼歯の歯みがきは終わりです。

①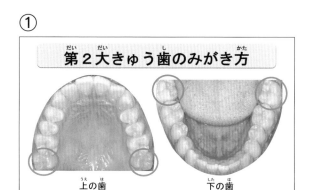

②

③ ☆

④ ☆

⑤ ☆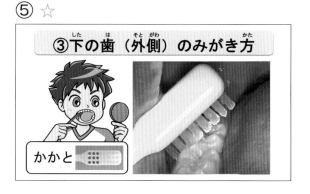

⑥ ☆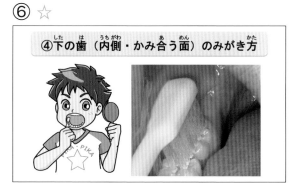

☆はアニメーションの一部分を表示したものです（ここでは表示されていない画像もあります）。

動画で見る前歯のみがき方

【収録フォルダ・ファイル名】5_hamigaki → douga_maeba.pptx

○前歯のみがき方を、正面、左右の歯と歯の間、歯の裏側に分けて動画にしています。毛先の当たり具合がわかるように、正面は横から見た動画も収録しています。

○本書の56～57ページ「前歯のみがき方」では、みがき方や毛先をどの部分を当てるとよいかなどについて、イラストや写真を使って解説しています。

シナリオ

①前歯をみがくときは、前歯を（▲）「正面」、（▲）「歯と歯の間」、（▲）「裏側」の３つに分けてみがきます。
今回は、実際にみがいている様子を見ながら、前歯の３つのみがき方についてお話しします。（▲）

②前歯の正面は、歯の面に対し、歯ブラシの毛先をまっすぐに当ててから、毛先の全面を使ってみがきます。
みがいている様子を見てみましょう。（▶再生）（▲）

③前歯の正面をみがいている様子を、横から見てみましょう。（▶再生）
毛先が開かないような強さで、歯の面に対してまっすぐに当たっているのがよくわかります。（▲）

④歯と歯の間をみがくときは、歯ブラシを縦にして毛先のわきを歯の面に当ててみがきます。
みがいている様子を見てみましょう。（▶再生）（▲）

⑤反対側の歯と歯の間も、同じように歯ブラシを縦にして毛先のわきを歯の面に当ててみがきます。
こちらも、みがいている様子を見てみましょう。（▶再生）（▲）

⑥前歯の裏側は歯ブラシの毛先のかかと（後ろ側）を使うと、しっかりと当てることができます。
みがいている様子を見てみましょう。（▶再生）
前歯の後ろ側のくぼんでいる部分にもしっかりと毛先が当たっています。
かかとでうまくみがくことができないときは、毛先のつま先（先端）でみがいてもよいです。
下の前歯も同じように、正面と歯と歯の間、裏側を分けてみがきましょう。

（▶再生）は動画の「▶」ボタン（再生ボタン）をクリックするタイミングを示しています。

①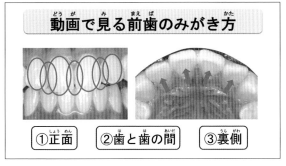

動画で見る前歯のみがき方

①正面　②歯と歯の間　③裏側

②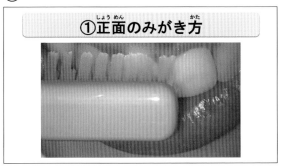

①正面のみがき方

③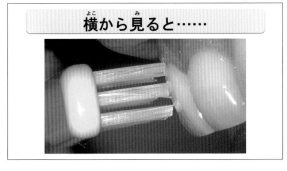

横から見ると……

④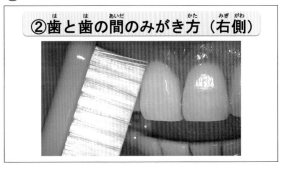

②歯と歯の間のみがき方（右側）

⑤

③歯と歯の間のみがき方（左側）

⑥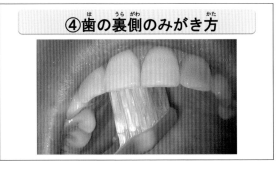

④歯の裏側のみがき方

動画で見るおく歯のみがき方

【収録フォルダ・ファイル名】5_hamigaki → douga_okuba.pptx

○奥歯（第1大臼歯）のみがき方を、下の歯の奥の面・中央の面・手前の歯に近い面・かみ合う面に分けて動画にしています。

○内側のみがき方については、奥の面と中央の面、手前の歯に近い面をまとめて1つの動画にしていますので、必要に応じて、一時停止をしてご利用ください。

シナリオ

①奥歯をみがくときは、（▲）「外側」、（▲）「かみ合う面」、（▲）「内側」の3つに分けてみがきます。
さらに外側と内側は、「奥の面」と「中央の面」、「手前の歯に近い面」の3つに分けてみがきます。
今回は、実際にみがいている様子を見ながら、下の奥歯のみがき方についてお話しします。（▲）

②奥歯の外側は、一番奥と中央、手前の歯に近い面の3つに分けてみがきます。
まずは、一番奥の面ですが、歯ブラシの毛先のつま先（先端）から、かかと（後ろ側）までの側面を、滑らせるようにしてみがきます。
みがいている様子を見てみましょう。（▶再生）（▲）

③外側の中央の面は、毛先が開かないような強さで、毛先全体を当てるようにしてみがきます。
みがいている様子を見てみましょう。（▶再生）（▲）

④手前の歯に近い面は、歯ブラシの毛先のつま先（先端）を側面に当ててみがきます。
みがいている様子を見てみましょう。（▶再生）（▲）

⑤かみ合う面は、一番奥の歯まで毛先を届かせてから、毛先を小刻みに動かしてみがきます。
みがいている様子を見てみましょう。（▶再生）（▲）

⑥最後に、奥歯の内側の一番奥の面から、中央の面、手前の歯に近い面へとみがく流れを見ます。（▶再生）
内側をみがくときは、一番奥の面は毛先のつま先（先端）、中央の面は毛先全体、手前の歯に近い面は、かかと（後ろ側）を使ってみがきます。
下の奥歯のみがき方はわかりましたか？　反対側の奥歯も同じようにしてみがきましょう。

（▶再生）は動画の「▶」ボタン（再生ボタン）をクリックするタイミングを示しています。

①

③

⑤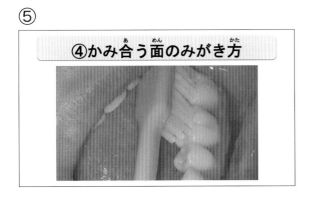

②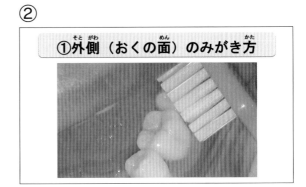

④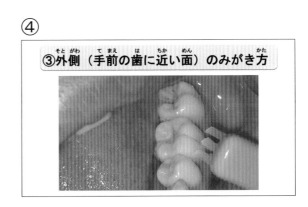

⑥

学校現場での歯科指導のポイント

　学校での指導では、歯垢を効果的に取ることを目標にします。結果的にCOやGOが改善すれば良しとし、そのうえで、日常の生活習慣や食生活を振り返ります。歯の初期むし歯の白濁や歯肉にみられる軽い炎症は、食生活が反映している可能性があるので、将来、生活習慣病になるリスクの初期ととらえ、長いスパンでの生活改善を考える視点が重要です。従って、すぐに歯垢が完全に取れる技術が得られなくとも、継続的に歯に関心を持ち、数年かけて歯みがきの技術を向上させながら、折に触れて、食生活を振り返る態度を養うことが必要と考えます。歯を教材にすることは年に一度のイベントではなく、継続的な健康への意識を涵養（かんよう）する機会の一端と捉えるとよいでしょう。

　歯科医院では、毎日の食事記録を書いてもらい、その記録から甘い物の摂取頻度や量を振り返る指導を行います。3日分ぐらい書くと、ほぼ日常の様子が浮かんできます。自分で振り返るのが重要ですから、自分の改善目標がわかればよいのです。また、歯科医院では、歯肉の炎症が強いほど、歯肉を刺激しないように歯の表面の歯垢を丁寧に取ることが必要になります。歯と歯肉の間に侵入した歯垢を専用の器具で取り除いて炎症を改善させてから、歯みがき指導を行うこともあります。

　さて、歯科検診でむし歯がなく、歯肉も正常と診断されても、染め出しをすると、歯垢が赤く染め出されることがよくあります。それは人間と共生している「正常な常在細菌叢（さいきんそう）」が染め出されるからです。

　正常な常在細菌叢は、歯や歯肉に悪い細菌などの病原体を排除して、健康を維持する役割を担っています。また常在細菌叢の刺激は、免疫系を育てる役割ももっています。歯の表面や歯肉もその仕組みで健康を保っているのです。ですから、歯の表面が正常な常在細菌叢としての歯垢で囲まれているのは悪いことではありません。しかし、正常なものと病気を引き起こすものの境目は明確ではありません。緩やかに移行していると考えられています。それを事前に感知する方法も研究されていますが、まだ明確ではありません。細菌の検査も進んでいますが、特定の病原細菌が悪さをするのではなく、多くの常在細菌も含めて関わっていることがわかり、決め手となる評価が難しい状態です。臨床では、歯（むし歯）は歯の面の観察に基づく診断、歯肉（歯周病）は、形態的な診査と、歯と歯肉の間にある隙間（歯肉溝と呼ばれます）を細い1mmほどの金属性の診査器具で刺激して出血しないかどうかで診断しています。

　今は歯科検診で問題がなくても、みがき残しが続いて、歯垢が厚みを増やすことや、唾液の働き、食べ物の影響などが重なると、常在細菌叢としての歯垢もむし歯や歯肉炎をつくる歯垢に変化していくのです。そのため、細菌の善悪に関係なく、まだむし歯や歯肉炎になる前にみがき残された歯垢を除去することが大切なのです。

第6章

おやつと砂糖

第6章 おやつと砂糖

指導・実践の
ポイント！

砂糖と歯垢の関係

　歯垢の病原性を高める最大の原因は砂糖です。もちろん、歯の表面に付着する常在細菌でも、砂糖などの糖を代謝して酸をつくりつつ、付着は弱いながら歯垢をつくります。しかし、糖の供給が続くと、次第に酸性の環境に適した細菌が増え、その中で最強のミュータンス菌が定着し、砂糖を代謝しながら付着力の強い粘着物質をつくって、酸をその中にため込んでいきます。それが進むと、歯垢の厚みが増して、多くの細菌を抱え込みながら、歯が溶ける酸度を維持するようになり、むし歯につながるのです。歯垢が増えた後では、砂糖以外の果糖や乳糖からも代謝された酸が歯垢の中でたまるため、多くの種類の糖がむし歯の原因になるのです。これが、「甘い物が好きな人はむし歯になりやすい」と昔からいわれてきたことの細かなメカニズムです。

1日にとれる砂糖の限度は？

　砂糖は多くの食材に含まれているので、その意味で人にとって大事なエネルギー源です。しかし、食べ過ぎや、摂取頻度が多くなっていることが問題になっています。限度に関しては、1990年代から世界中で、糖分の過剰摂取がむし歯や歯肉炎を含めた多くの生活習慣病の原因のひとつになっているとして、WHO（世界保健機関）が1日の総摂取エネルギーの10％以内、最近（2015年）では5％以内を勧めています。※ それが次第に世界的なコンセンサスとなって、飲料メーカーやお菓子の製造業界も含めて改善の動きが高まり、社会政策上の指針にもなっています。しかし、多くの先進国の現状はその倍の消費量といわれています。WHOが推奨している砂糖の限度量10％はハチミツ、シロップ、野菜ジュースなどの糖分も含まれます。

　歯垢の中にいるむし歯菌は、私たちが食べた糖質を代謝して酸をつくり、歯を溶かします。それらの糖質は「発酵性糖質」と呼ばれ、単糖（ブドウ糖、果糖、異性化糖、転

化糖）や二糖（砂糖、麦芽糖、乳糖、パラチノース、ラクツロース）、オリゴ糖（カップリングシュガー）などがあります。でん粉でも長く咀嚼していると、唾液で麦芽糖になり、酸をつくる原因になりますが、砂糖の害が圧倒的です。

では「総摂取エネルギーの10％以内」とは、どれくらいの砂糖の量でしょうか？　小学校高学年の必要カロリーを約2000キロカロリーとすると、砂糖の量で約50グラム、調味料で半分ほど使えば、嗜好品（しこうひん）としての量は20〜30ｇになります。大雑把な目安として、お菓子などが片手の手のひらにのるくらいの量が１日の限度量になります。しかし、最近のコンビニエンスストアや自動販売機で購入できるお菓子は、片手にのるくらいの量でも糖類の限度量を超えるものが多いのが現実です。そのため、10％の目安に関して、研究者の間でも評価は揺れています。しかし、多くのメーカーや国が社会政策としてこのガイドラインを準拠するように動いています。

砂糖のとり過ぎを防ぐには

むし歯や歯周病の患者に共通する食生活の特徴として「甘い物が多いこと、３度の食事の内容やとり方に問題がある」ことが指摘されています（丸森英史、鈴木和子「[生活]を見据えた歯科医療への取り組み（その２）」『日本歯科医師会雑誌』54：5，2001）。実際の摂取状況は、量や頻度では推し量れない多様な姿で生活の中に入り込んでいるのですが、甘い物のとり方を整え、疾患へのリスクを下げるには、嗜好品の量、頻度、毎食の味つけの見直し、水分補給のつもりでジュースなどの清涼飲料を飲み過ぎないようにするなどの、食事と生活の多様な姿を振り返ることが大事になります。ここでの甘い物とは甘く調理された飲み物を含む食品を指しますが、味つけのために添加された糖分が問題になります。砂糖の甘みは多くの人に強い満足感を与えるので、コントロールが難しく、つい食べ過ぎてしまい、その結果が過食による生活習慣病であり、むし歯や歯周病なのです。

砂糖の満足感に対抗できるのが「うまみ」によるだしの風味です。だしを効かせた調理は、甘いだけの料理に対抗できるのです。日本にはうまみの文化があるので、それを大事にした食卓が、甘い物に偏りがちな食を正す基木になります。

また、手づくりでおやつをつくるときに、保存をきかせるために甘い味つけにして、砂糖を多くとり過ぎてしまうことがよくあるので、注意が必要です。そして、３度の食事で主食・主菜・副菜をバランス良く食べることが、最小限の甘い物で満足するコツです。それが、むし歯の予防や歯肉の健康を維持することになり、さらにほかの生活習慣病を予防することにもつながるのです。

※ World Health Organization *Guideline：Sugars intake for adults and children*, 2015

砂糖はなぜ歯に良くないの？

【収録フォルダ・ファイル名】6_oyatsu → satou_naze.pptx

 MEMO

○砂糖のとり過ぎが歯や歯肉に与える影響について、口の中にいるむし歯菌などの細菌の観点から解説します。

○スライドの最後で、砂糖のとり過ぎが歯や歯肉だけではなく、体のさまざまな器官にも悪い影響を与えることを話し、生活習慣病の予防にも結びつけています。

シナリオ

①砂糖の入った甘い食べ物をいつも食べていると、歯に良くないといわれますが、なぜ、歯に良くないのでしょうか？
今回は甘い食べ物が私たちにどんな影響を与えているのかについて、お話しします。（▲）

②甘いおやつが好きなのは、私たち人間だけではありません。
（▲）実は、口の中にいる（▲）細菌たちも砂糖が入った甘いおやつが大好きです。（▲）

③口の中には、さまざまな細菌がいます。
その中の多くの細菌は、砂糖が大好きです。しかも、砂糖をとり過ぎると、（▲）自分たちのすみかである「歯こう」を歯の表面につくってしまいます。しかも、歯垢は水に溶けずにどんどん歯の表面にたまっていきます。（▲）

④さらに、歯こうにすんでいる歯に悪い影響を与える細菌のひとつである「ミュータンス菌」などは、（▲）砂糖から歯を溶かす「酸」と呼ばれるものもつくります。
酸によって溶かされた歯が（▲）「むし歯」で、ひどくなると痛みが出て、歯のほとんどが溶けてしまうこともあります。（▲）

⑤さらに、歯こうの中で、（▲）（▲）（▲）どんどん細菌が増えていくと、歯肉が赤く腫れて膨らむ（▲）「歯肉炎」や、歯を支える骨が溶けて、歯が抜ける原因になる（▲）「歯周炎」と呼ばれる病気になってしまうこともあります。（▲）

⑥砂糖が入った甘い食べ物をとり過ぎると、歯こうができて、むし歯や歯肉炎、歯周炎などの歯の病気になるだけではありません。
（▲）体の中でもさまざまな病気にかかりやすくなるのです。
どのようにすれば、砂糖をとり過ぎないようにできるのかを考えてみましょう。

①

② ☆

③
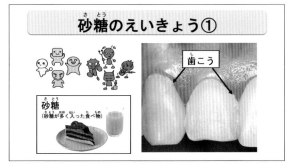

④
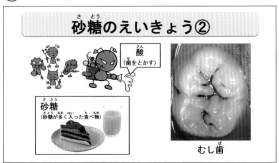

⑤
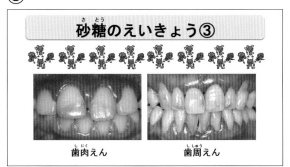

⑥
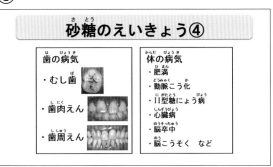

☆はアニメーションの一部分を表示したものです（ここでは表示されていない画像もあります）。

おやつの砂糖の量を見てみよう

【収録フォルダ・ファイル名】6_oyatsu → satounoryou.pptx

MEMO

○お菓子や清涼飲料の砂糖の量は、『どんどん はえる じぶんの歯』37 〜 38 ページから引用したもので、制作時より前に当社で糖度計を用いて測定したものです。

○ペットボトル 1 本分の清涼飲料に砂糖が多く入っていることを示し、水代わりとして飲むことの危険性や正しい飲み方を解説します。

シナリオ

①私たちが食べているおやつには、さまざまな種類の甘い食べ物や飲み物があります。それらの中にどれくらいの量の砂糖が入っているのかを見てみましょう。(▲)

②おやつに入っている砂糖の量を見る前に、私たちが 1 日におやつでとることができる砂糖の量についてお話しします。
(▲)その量は、約24グラムで、3 グラム入りのスティックシュガー 8 本分になります。このことを踏まえて、私たちがおやつでよく食べるものの砂糖の量を見てみましょう。
なお、ここから紹介するおやつの砂糖の量は、正確なものではなく、つくっている会社や時期、材料などによって多い場合も少ない場合もあります。
あくまで「目安」として考えましょう。(▲)

③まずは、みなさんが大好きなおやつの砂糖の量を調べてみました。多くの量の砂糖が入っていることがわかります。(▲)

④ほかのおやつの砂糖の量も見てみましょう。クッキーは少ないように見えますが、1 枚の大きさが小さく、ついたくさん食べてしまいやすいおやつです。
お皿に出して、食べる量を決めることが大切です。
もちろん、洋菓子だけではなく、和菓子にも砂糖が多く入っているので、食べ過ぎには注意が必要です。(▲)

⑤砂糖のとり過ぎに関して、特に注意が必要なのが、甘い「飲み物」です。さまざまな甘い飲み物に入っている砂糖の量を見てみましょう。(▲)
ペットボトル 1 本分の中に、とても多くの量の砂糖が入っているのがわかります。(▲)

⑥そのため、暑い日などに、ペットボトルに入った甘い飲み物をそのまま水代わりに飲んでいると、大量の砂糖を口に入れてしまうことになり、むし歯などの病気にかかりやすくなります。
喉が渇いたときは、水か麦茶を飲み、どうしても飲みたいときは、ペットボトルから直接飲まずに、(▲)コップなどに入れて飲み過ぎないようにすることが大切です。

①

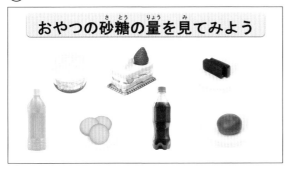

おやつの砂糖の量を見てみよう

②

砂糖の量を見る前に

1日におやつでとることができる砂糖の量	24グラム（スティックシュガー1本＝3グラム）

注意
これから見せるおやつの砂糖の量は、あくまで「目安」であり、実際は、もっと多い場合も、少ない場合もあります。

③

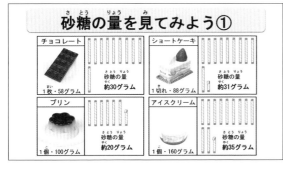

砂糖の量を見てみよう①

チョコレート　1枚・58グラム　砂糖の量　約30グラム
ショートケーキ　1切れ・88グラム　砂糖の量　約31グラム
プリン　1個・100グラム　砂糖の量　約20グラム
アイスクリーム　1個・160グラム　砂糖の量　約35グラム

④

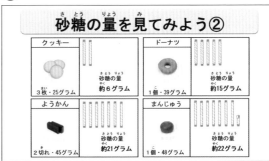

砂糖の量を見てみよう②

クッキー　3枚・25グラム　砂糖の量　約6グラム
ドーナツ　1個・39グラム　砂糖の量　約15グラム
ようかん　2切れ・45グラム　砂糖の量　約21グラム
まんじゅう　1個・48グラム　砂糖の量　約22グラム

⑤

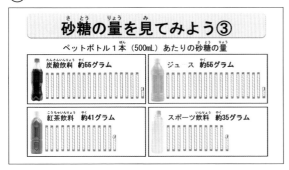

砂糖の量を見てみよう③

ペットボトル1本（500mL）あたりの砂糖の量

炭酸飲料　約65グラム
ジュース　約65グラム
紅茶飲料　約41グラム
スポーツ飲料　約35グラム

⑥

水代わりに飲むのはやめよう

おやつを見直してみよう

【収録フォルダ・ファイル名】6_oyatsu → minaoshi.pptx

○甘いおやつを食べ過ぎるのを抑えるのは難しいので、スモールステップで見直すことができるように、さまざまな見直し方を提案し、自分でできそうな方法を考えさせます。

○ 26 〜 27 ページ「むし歯を予防するには」や、36 〜 37 ページ「歯肉えんを予防するには」のスライドでも、内容を簡略化して解説しています。

シナリオ

①砂糖をとり過ぎると、むし歯や歯肉炎の原因にもなります。とり過ぎないようにするために、甘い物をとることが多い「おやつ」（間食）を見直すことから始めましょう。（▲）

②例えば、今日のおやつがケーキとジュースだったとします。ケーキとジュースの両方に（▲）砂糖が多く入っています。
まずは、ケーキを砂糖が入っていない（▲）おせんべいに替えることで、砂糖をとる量を抑えられます。
また、（▲）りんごなどの果物は甘いのですが、その甘みは砂糖よりもむし歯になりにくい「自然の甘み」によるものであるため、砂糖のとり過ぎは抑えられます。
飲み物も見直してみましょう。ジュースを、（▲）砂糖が入っていない牛乳や麦茶に替えることで、砂糖をとる量を減らすことができます。（▲）

③ただ、いきなり砂糖が入った甘い食べ物も飲み物もとらないようにするのは、難しいと思うかもしれません。
その場合、まずは、（▲）食べ物の方だけ砂糖が入っていないものや（▲）果物に替えたり、（▲）飲み物の方だけ砂糖が入っていない牛乳や（▲）麦茶に替えたりして、少しずつ砂糖の量を抑えていくのもよいでしょう。（▲）

④あるいは、おやつで甘い物をとり過ぎたと感じたら、（▲）次の日は、甘い物を食べない日にして、砂糖をとる合計の量を減らしていくこともできます。
自分のできるやり方で、おやつを見直してみましょう。（▲）

⑤砂糖が入った食べ物だけではなく、砂糖が入った食べ物を食べる時間にも注意が必要です。
（▲）本を読んだり、ゲームをしたりしながら、甘い物を食べたことはありませんか？
そのようにしてダラダラと甘い物を食べると、歯垢が増えやすくなり、むし歯や歯肉炎を起こす大きな原因になります。
（▲）甘い物を食べるときは、本やゲームなどをしながらダラダラ食べずに、時間を決めて食べることが大切なのです。（▲）

⑥また、甘い物を食べた後は、すみずみまで歯をみがいて、歯に悪い影響を与える細菌たちのすみかである「歯垢」を落とすことで、砂糖が歯に与える悪い影響を少しでも抑えることができます。間食後の歯みがきも、きちんと行いましょう。

①

②

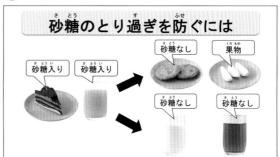

③ ☆

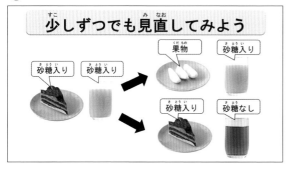

④

⑤

⑥

☆はアニメーションの一部分を表示したものです（ここでは表示されていない画像もあります）。

変化する食生活

　物があふれて豊かで便利な社会で過ごす中で、長い距離を歩いたり、走ったりしなくても、どこにでも出かけられるようになりました。野山に出かけなくても、刺激に満ちた楽しい遊びは向こうからやって来ます。その結果、体を動かすことが、本当に少なくなりました。テレビの視聴時間の長さと肥満傾向が相関していることが報告されています。運動もしないで、おなかをお菓子で満たした子どもたちが、朝食を食べられないのは当たり前のことです。それは、子どもたちに責任があるのではありません。大人の忙しい生活のリズムが、子どもに悪影響を与えているのです。日中外で体を動かして十分に遊び、ご飯をしっかりと食べ、夜はぐっすり眠る。そしておなかがすいて目を覚ます。そのような生活のリズムが子どもの成長を支えます。

　また、朝食の欠食率は20歳代で最も高く、大学生の食生活調査でも同じ傾向が報告されています。さらに、食事内容についても、栄養バランスが悪いインスタント食品やコンビニ食ばかりで野菜が不足し、さらに、子どもの頃から好き嫌いが多く、甘いお菓子を多く食べる食習慣が続いているようです。このような結果は、家事の体験が少ないことも災いしているという実態が報告されていて、育った家庭の環境が影響しているようにも考えられるのです。子どもの頃から、食の基本である主食、主菜、副菜をそろえた食事を家族と一緒にとる食習慣を続けるところから始める必要があります。特に朝食は、食生活全体のバロメーターになっているので大切です。これらが、生活習慣病予防への入り口になり、歯の健康にもつながっているのです。

　甘い物を口の中に入れる機会は意外に多いものです。わずかな糖分でも、歯の周囲にはバイオフィルムがたまり、その中で酸がつくられ、歯を溶かすことになります。しばらくすると唾液の働きで中和されますが、食べている回数や時間が長いと、歯が酸性の環境にさらされている時間が長くなり、むし歯になる危険が増えていきます。「ちょくちょく食べる、ダラダラ食べる」ことの悪さはこれによるものです。口寂しさを紛らわすためにあめをなめたり、ガムをかんだりすること、運動中にこまめにスポーツドリンクを飲んだりすることもあると思いますが、これは糖分が少量でも絶えず口の中にとどまる状態であり、習慣となっているとかなり危険です。

　今、物があふれて豊かになった反面、それらの中から自分が食べる必要のあるものを、自分で考えて選ばなくてはいけない時代になりました。食事をとることが簡単に済ませられるようになったのですが、その中で今一度、何が大事なのかを見つめ直すことが必要なのではないでしょうか。

咀嚼・唾液・歯科検診

第7章　咀嚼・唾液・歯科検診

指導・実践の
　　　　ポイント！

現代の子どもの咀嚼とその影響

　体の健康は、体のすべてをきちんと働かせること、すなわち機能することで維持されています。歯の健康も同じです。歯の機能とは、具体的に食物をかむこと、すなわち「咀嚼」が十分に行われることです。前歯でかじり取り、奥歯でかみ砕き、唾液の助けを借りながらすりつぶし、喉に送り込む、この一連の流れで歯や口の組織の健康が保たれています。咀嚼によって、歯に物理的な力がかかることで、歯を支える組織の血流量が増え、咀嚼によって出てくる唾液に含まれた免疫的物質が、病原体から体を守っています。さらに、唇や頬をしっかりと閉じることで十分な咀嚼ができると、栄養もとれるのです。

　しかし現代は、軟らかくて喉ごしが良く、すぐにのみ込めるように加工されたものに囲まれているので、十分に咀嚼しなくても栄養をとれるため、歯や口の機能不全が起こっています。かむ力が弱まって、顎関節や口の周囲の筋肉も弱まり、乳幼児のような話し方や、食べ物を正しくのみ込めない状態、舌癖（口を開けて上下前歯の間に舌を挟んだり、舌で裏側から歯を押したりする癖）などが起こり、歯並びにも悪影響を与えています。さらに、口がぽかんと開いた状態（専門用語で「口唇閉鎖不全」）となって、口呼吸やアレルギー性鼻炎が起こりやすくなっていることが指摘されています。

　唇を閉じて鼻呼吸ができないと、自然に口が開いて、口呼吸が続きます。その状態は唾液の効果を悪くするため、口が渇きやすくなり、しっかりした咀嚼ができずに、歯垢がたまりやすくなっていきます。また、唇や頬の筋肉の働きが悪くなり、頬全体が硬くなって歯ブラシを動かしにくくなるなど、子どもの健康な発達に悪影響を与えます。

　最近は、奥歯をみがきにくい様子が見られ、頬をストレッチすることで口周りの筋肉を軟らかくすることが必要な子どもが見受けられるようになりました。唇をしっかりと閉じて、ブクブクうがいを長く行うことや、舌体操（あいうべ体操）も有効です。鼻呼吸ができないときは、鼻炎などがないか、耳鼻科医の診察を受けることが必要なことも

あります。4章で解説した「うがいのやり方」（46〜47ページ）は、口周りの筋肉を鍛える働きもあります。口に含んだ水を出さないように、しっかりと唇を閉じて30秒前後頬を膨らませながら行う「ブクブクうがい」は、簡単に行えるリハビリテーションです。歯みがき後に行うことで、1週間ほどで口唇の閉鎖が良くなり、口元が閉まった感じになります。10ccほどの水で（慣れなければさらに少量で）ブクブクうがいすることがコツです。

　口唇を閉じずに食事をしているときは、口に入れる食べ物の量を少なくする、絶えず水分を補給しながら食べているのであれば、水分は食事の後にとるなどの指導が必要になります。歯垢がたまりやすい、歯肉炎が治りにくいときに、このような口腔機能不全が絡んでいる場合もあるので、歯科医による診断が必要なこともあります。

身体機能の強化と生活習慣（食習慣・咀嚼習慣）

　スポーツ庁が実施した「令和元年度全国体力・運動能力、運動習慣等調査結果」によると、特に小学生男子の体力合計点が下がっており、平成20年度の調査開始以降で過去最低の数値です。このような子どもたちの身体機能の劣化は、本来自然に身につく「食べること」の機能不全とつながっていると筆者は考えます。実際に生活習慣がむし歯の状況と関連しているという報告も多くあります。好ましくない生活習慣（口腔清掃の不足、メディア接触の増加、食事・間食、就寝時間の乱れなど）の児童は、歯肉炎有所見者率が有意に高率であることも報告されています（大須賀恵子ほか「小学生の歯肉炎有所見状況と生活習慣要因の関連について」『学校保健研究』53（3）：225-231,2011）。身体機能と食事などの生活習慣は相互に関連しているので、総合的な対策が必要です。

　また、生活習慣に関して、体力テストの成績が良い子どもたちほど朝食をとり、テレビの視聴時間が1時間未満で、外遊びを週3回以上しているという傾向がありました。テレビやインターネットなどに夢中になることなく、規則正しい生活習慣を送ることが、まずは基本であることが改めて示されました（帖佐悦男「ロコモ予防としての子どもの運動器検診—なぜ子どもの頃からロコモ予防が必要か—」『THE BONE』31（3）：83-88,2017）。小児期に全身を使って外遊びをすることで休を動かし、規則正しい生活習慣を送る中で、バランスの良い食習慣や咀嚼習慣も身につき、QOLの向上につながります。

　歯科検診を受ける前後に、本書を参考にして歯についての学習を行えば、子どもたちの良い学びの機会になるでしょう。歯に関心を持つには、検診の機会を利用するのも良い方法です。単にむし歯や歯肉炎があるかないかをチェックするだけではなく、健康への関心を育てる機会にしたいものです。歯の健康を維持する土台は、多くの生活習慣病と重なります。現代では感染症による病気だけではなく、ストレス、運動不足、食事の偏りなどの生活習慣に根ざす問題の改善が生涯の健康に結びつきます。口に関心を持つことが歯みがきの技術習得だけではなく、食生活も含めた生活全般を振り返る機会になれば、健康的な人生を送るきっかけになると考えています。

かむことの大切さを知ろう

【収録フォルダ・ファイル名】7_soshaku → kamukoto.pptx

○咀嚼の大切さについて、『みんな そろった じぶんの歯』34 〜 38 ページの内容から作成していますが、今回は「うまみを感じる」ことを重視した内容になっています。

○咀嚼の効果のひとつである「唾液」については、88 〜 89 ページ『『だ液』の働きを知ろう」で詳しく解説しているため、ここでは消化に関する内容に限定しています。

シナリオ

①「食べ物をよくかんで食べよう」とよく言われますが、なぜなのでしょうか？
　今回は「よくかんで食べるとどんな良いことがあるのか」についてお話しします。（▲）

②私たちの歯は、よくかむことにちょうどよい形をしています。
　まず、食べ物を食べるときに、平らな「前歯」を使うことで、口に入らない大きさの食べ物もしっかりと押さえて、かじり取ることができます。
　また、（▲）とがった「犬歯」によって、食べ物をかみ切ることができます。そして、（▲）大きく、凸凹した「奥歯（臼歯）」で、食べ物をすりつぶして小さくすることができます。このようにして、食べ物をよく「かむ」ことができるのです。（▲）

③よくかんで食べることの効果として、まず（▲）「うまみ」を感じることが挙げられます。
　私たちが「おいしい」と感じやすいのは「甘み」ですが、「甘み」は食べ過ぎると、むし歯や生活習慣病になりやすくなります。
　それとは別に、私たちが「おいしい」と感じるのが「うまみ」です。「うまみ」もおいしく感じるため、「甘み」による食べ過ぎをおさえてくれます。
　「うまみ」は、あらゆる食品の中に入っていますが、よくかんで食べないと、その「うまみ」を感じることができません。
　しかも、「うまみ」の正体はたんぱく質で、体をつくる栄養のひとつです。食べ物をよくかんで「うまみ」を感じることは、健康な体をつくることにつながっているのです。（▲）

④よくかんで食べることの2つ目の効果として、消化を助ける働きがあります。
　食べ物をよくかんで食べていると、（▲）「唾液」という液体が口の中に出てきます。
　唾液によって、（▲）パサパサした食べ物でも、唾液の水分が含まれることにより、のみ込みやすくなります。
　しかも、唾液の成分で食べ物を分解し、さらに歯をむし歯から守ってくれます。（▲）

⑤よくかんで食べることの3つ目の効果として、さまざまな能力がアップします。
　私たちは、食べ物をかむときに、歯だけではなく、口の周りの筋肉も働かせています。よくかんで食べて、口の周りの筋肉が働くと、顔の表情が豊かになり、（▲）魅力がアップします。さらに、脳の血流も良くなり、（▲）学習効果や記憶力が高まるといわれています。また、私たちは重いものを持ち上げたり、全力で物を投げたりするときに、歯をかみしめて力を入れています。

よくかんで食べることで、この「かみしめる力」もアップするので、（▲）さまざまな能力のパワーアップにもつながるのです。（▲）

⑥では、よくかんで食べる習慣をつけるためには、どんなことをすればいいのでしょうか？
（▲）まずは、食べ物を前歯でかじり取ることから始めてみましょう。
りんごでもとうもろこしでも、歯でかじり取りながら食べるときに「おいしさ」を感じられるはずです。そうすることで、口の周りの筋肉もよく使うようになります。
（▲）また、飲み物を飲みながら、食事をしないことです。よくかめば唾液が口の中に出てきます。
食べ物は、飲み物で流し込むのではなく、唾液をしっかりと出してのみ込むことが大切です。

①

②
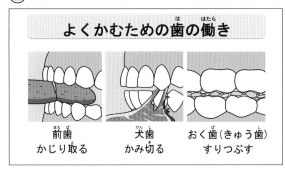

③

④

⑤

⑥

「だ液」の働きを知ろう

【収録フォルダ・ファイル名】7_soshaku → daeki.pptx

○唾液の働きについて、唾液のキャラクターや、実際に唾液が補修してむし歯が治った歯の写真などを使って、わかりやすく解説します。

○最後に、唾液が睡眠中に出にくいこと、その影響で細菌が活発に働くことを伝え、睡眠前の歯みがきの重要性を実感させて、歯みがき指導に結びつけています。

シナリオ

①唾液はいつも私たちの口の中に満たされていますが、実はすごい働きがあります。
今回は、「だ液くん」と一緒にその働きを見ていきましょう。(▲)

②唾液は、耳のそばにある耳下腺、舌の近くにある舌下腺、顎の近くにある顎下腺の３つの器官で、血液からつくられます。これらは「唾液腺」とも呼ばれていて、(▲)１日に１～1.5Lもの唾液がつくられています。(▲)

③唾液腺でつくられた唾液には、消化を助ける働きがあります。
唾液によって、(▲)パサパサした食べ物でも、水分が含まれることで、のみ込みやすくなります。
しかも、唾液の成分で食べ物を分解し、さらに舌が唾液の中に溶けだした成分から味を感じて、胃や腸などが働くように指令を出してくれるのです。(▲)

④唾液は消化を助けるだけではありません。唾液は歯を守る働きをもっています。
唾液はカルシウムを含んでいて、むし歯菌などによって傷ついた歯を治してくれます。
さらに、むし歯菌などの細菌を倒したり、むし歯菌が出す酸が歯を溶かすのを抑えたりしてくれます。
実際の歯の写真で唾液の働きを見てみましょう。(▲)今出た歯の写真の(▲)白いところは、むし歯菌によって傷ついた部分ですが、歯みがきをきちんとして、食生活を見直すことで、(▲)きれいに治すことができました。(▲)唾液が、傷ついた部分を治してくれたのです。(▲)

⑤消化を助け、歯の健康を守ってくれる唾液ですが、どのようにすれば、口の中でいっぱい出すことができるのでしょうか?
(▲)一番の方法は、食事をよくかんで食べることです。
ほかにも、(▲)間食をとり過ぎないようにして、朝食・昼食・夕食をおなかがすいた状態で食べられるようにすること、楽しく食事をすることも大切です。空腹の状態で食事をして、楽しく食べることができると、食事がよりおいしく感じられます。すると、唾液腺が消化を促す働きを強めて、唾液を多く出してくれます。(▲)

⑥唾液は、いつも口の中でいっぱい出ているわけではありません。実は、寝ているときは、（▲）唾液の出る量が少なくなります。

そのため、（▲）むし歯菌などの細菌たちが働きやすい環境になってしまいます。

それを防ぐために、（▲）寝る前には、すみずみまで歯をみがいて、（▲）細菌のすみかである歯こうをきちんと落としてから、寝ることが大切なのです。

①

「だ液」の働きを知ろう

よろしくね！

だ液くん

②

だ液はどこでつくられるの？

1日につくられるだ液
1〜1.5リットル

耳下せん

舌下せん

がく下せん

③

だ液の働き① 消化を助ける

食べ物

④

だ液の働き② 歯の健康を守る

⑤

だ液を多く出すためには

よくかんで食べる

ほかにも
・間食のとり過ぎを防ぎ、おなかがすいた状態で、朝食・昼食・夕食をとること
・楽しく食事をすること

⑥ ☆

ねているときは危険！

ねる前に必ず歯みがき！

☆はアニメーションの一部分を表示したものです（ここでは表示されていない画像もあります）。

歯科けんしんで調べていること

【収録フォルダ・ファイル名】7_soshaku → shikakenshin.pptx

○『小学保健ニュース』2013 年 4 月 8 日号（丸森英史先生監修）の内容をもとに、掲載された写真を用いて、スライドを作成しています。

○ここで挙げた内容や写真などを 1 枚にまとめたシートを、「歯科けんしんで調べていることシート」として、99 ページに掲載します。

シナリオ

①今回は、健康診断の中で行われる「歯科検（健）診」で、どのようなことを調べているのかを、お話しします。（▲）

....

②歯科検（健）診では、歯科医の先生が歯を調べるときに、「1 番」、「1 から 6」など、歯を番号で呼びます。

永久歯の場合、（▲）写真のように、左右に分けて、前歯から奥に向かって、前歯が「1・2」、犬歯が「3」、小臼歯が「4・5」、第 1 大臼歯が「6」、第 2 大臼歯が「7」で、ここには写っていませんが「親知らず」と呼ばれる第 3 大臼歯が生えている場合は「8」と呼びます。

乳歯は、（▲）写真のように、左右に分けて、奥に向かって、前歯を「A・B」、犬歯を「C」、乳臼歯（奥歯）を「D・E」と呼びます。

写真は、上の歯ですが、下の歯も同じです。（▲）

....

③歯科医の先生が、歯を 1 本 1 本調べる中で、「／（斜線）」や「○（マル）」などと言いますが、これにはどんな意味があるのでしょうか？

まず「／（斜線）」は、（▲）健康な歯を意味しています。

「CO（シーオー）」は、（▲）むし歯になりかけている歯です。COは歯の表面が白っぽく濁った色をしています。

この状態ならば、きちんと歯をみがき、食習慣を見直すことで治っていきます。

しかし、「C（シー）」と呼ばれる状態だと、（▲）「むし歯」になっているので、歯科医院に行って治す必要があります。

Cの歯を、歯科医院で治療すると、（▲）「○（マル）」と呼ばれる状態になります。

ほかにも、抜けそうだったり、ほかの歯に影響を与えそうだったりする「要注意乳歯」の場合を「×（バツ）」と呼びます。（▲）

....

④歯科検（健）診で調べているのは、歯だけではありません。歯肉（歯茎）の状態についても調べています。

では、この 2 つの写真のうち、どちらが健康な歯肉でしょうか？

答えは、（▲）左側が健康な歯肉で、（▲）右側が赤く腫れた歯肉です。

歯科検（健）診では、歯肉が赤く腫れた状態を「GO（ジーオー）」や「G（ジー）」と呼びます。GOは、まだ少し赤く腫れただけの状態で、毎日すみずみまで歯をみがき、甘

い物を食べ過ぎないようにすることで、健康なピンク色の歯肉に治っていきます。GO が悪化すると、「G」と呼ばれる状態になり、歯科医院で診てもらう必要があります。(▲)

⑤ほかにも、(▲) 歯のかみ合わせや、(▲) 顎の状態、(▲) 歯に歯垢がたまっていないかどうかなどを調べています。(▲)

⑥歯科検（健）診では、短い時間の中で、歯科医の先生がさまざまなことを調べています。歯科医の先生がスムーズに検査ができるように、(▲) 歯科検（健）診を受ける前には、すみずみまで歯をみがいておきましょう。

①

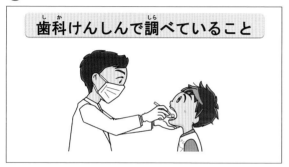

②

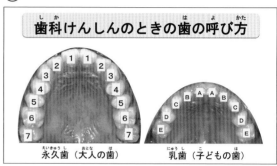

③

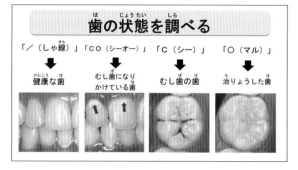

④

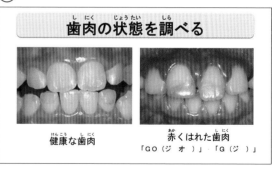

⑤

⑥

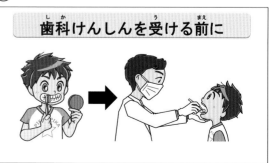

咀嚼で"おいしさ"を感じよう

「よくかまない」、「食べるのに時間がかかる」、「偏食をする」という口腔機能の発達不全が近年目立つようになり、日本歯科医学会の「口腔機能発達不全に関する基本的考え方」に基づき、平成30年に「口腔機能発達不全症」という新病名ができました（浜野美幸『小児保健研究』78(6):539-543,2019）。むし歯や歯肉炎以前に、咀嚼が十分にできない子どもたちが見られるようになったのです。咀嚼器官の器質的障害がなくても、食事に支障が出て、発音や歯並びにも影響が出ることがあります。成長とともに少しずつ咀嚼運動機能を獲得していくステップが、有効に働いていないのです。当然歯の健康も損なわれる可能性が増えます。

「しっかりとかみなさい」と言われても、かむことが必要な食事が出てこなければ掛け声だけに終わってしまいます。一方で、急に硬いものが出てきても、食べたくなくなるだけです。十分に咀嚼して食べるためには、それがおいしさにつながっていかなければ長続きしません。おいしさは主観的な感覚ですから、明確な物差しはありません。日々の生活で学習していくことが大事です。砂糖のストレートな強い甘みに慣れてしまうと、それ以外の微妙な味わいに関心が持てません。ジャンクフードのようなはっきりとした油脂の味や甘みにばかり満足感を感じるようになります。そのような食事が日常になると、そこはむし歯や歯肉炎、肥満に始まる生活習慣病の入り口です。

甘みに対する感度が高いのは、ヒトが貴重なエネルギー源である米や根菜類、野菜にわずかに含まれる甘みを頼りにして、摂取に弾みがつくように行動が動機づけられているためです。それが文明の発達につれて、甘くコーティングされた食品が現れ、それに私たちの味覚が乗っ取られているのです。それを改善することは容易なことではありませんが、咀嚼して食材の中にある「うまみ」を感じ取れるようにする「味覚教育」が、甘み漬けを脱出できる方法です。日本ではうまみの文化があり、食材も豊富なため、歯も含めた健康教育に「味覚教育」は大事な位置を占めると私は考えます。そして、歯みがきも歯垢という汚れを取ることだけではなく、それがたまらないような生活習慣の確立も並行して目指してほしいところです。

また、おいしさは、空腹の状態で食べることで誰にでも体験できる簡単なことなのです。しかし、現代は、本当におなかがすき、「グー」と鳴るほどの空腹感を体験できない飽食の時代です。「グーとおなかが鳴る」のは内臓が食事を受けつける準備が整ったというサインであり、まずはそのような体験ができる生活習慣を身につけることが必要なのかもしれません。夜型の生活習慣の改善や睡眠時間の確保、十分な外遊びでの運動が必要です。まさに、すべての生活習慣が絡んでくるのです。歯を守ることは生活習慣を見直すこと、これを小学生のときにしっかり学ぶことが大切です。

パワーポイントの使い方 Q&A

イラスト・写真

Q：イラストや写真の大きさを変更することはできますか？

A：変更したいイラストや写真を選択して、イラストや写真の大きさ、角度、位置を変更できます。

Q：イラストや写真を消すことはできますか？

A：消したいイラストや写真を選択し、Del（Delete）キーを押すと消せます。

印刷

Q：スライドとシナリオ部分を同時に印刷することはできますか？

A：メニューの「ファイル」→「印刷」→「設定」で印刷したいレイアウトを選択します。いろいろな印刷レイアウトがありますので、活用方法に応じて使い分けてください。

その他

Q：子どもたちに見えないようにして、シナリオを確認しながら指導できますか？

A：プレゼンテーションに使用する機器に、複数のモニターを使用する機能があれば可能です。プロジェクターにパソコンをつなぎ、メニューの「スライドショー」→「開発者ツールを使用する」にチェック→「スライドショーの開始」をクリックします。プロジェクターにはスライドが表示されますが、手元のパソコンには、画面の左にスライド、右にシナリオ、下に縮小されたスライド一覧が表示されます。シナリオの文字は、読みやすい大きさに拡大・縮小することができます。

上記以外にも、ご不明な点がありましたら、「ヘルプ」機能をご活用ください。

① パワーポイント画面を開いて、キーボードの「F1」を押すと、ヘルプ画面が出てきます。

② 調べたいキーワードを入力すると、関連する項目が出てきますので、目的のものを選択します。

※DVD-ROMの構成については8ページをご覧ください。
※パソコンのOS（Windows・Macなど）や、パワーポイントのバージョンによって、操作が多少異なります。

付　録

　ここからは、今までに紹介したパワーポイント以外に、DVD-ROM に収録している付録の内容を紹介します。

　DVD-ROM の「8_furoku」フォルダ内に、「歯みがき 1 週間チャレンジ（歯みがきカレンダーの 1 週間版）」、「歯みがきカレンダー（通年用と 1 〜 12 月用）」、「『歯科けんしんで調べていること』シート」、「歯肉チェックシート①・②」を収録しています。「歯みがき 1 週間チャレンジ」と「歯みがきカレンダー（通年用と 1 〜 12 月用）」は PDF 版と Word 版の両方が入っていますので、必要に応じてご利用ください（なお「『歯科けんしんで調べていること』シート」と「歯肉チェックシート①・②」は PDF 版のみになります）。

歯みがき 1 週間チャレンジ

【ファイル名】1week.pdf、1week.docx

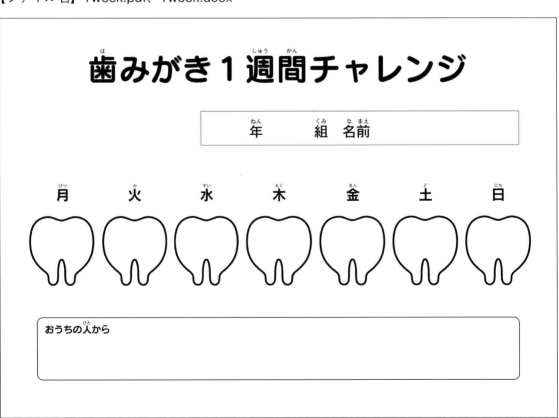

歯みがきカレンダー（通年用）

【ファイル名】calendar00_youbi.pdf、calendar00_hizuke.pdf、calendar00.docx

　歯みがきカレンダーの PDF 版では、下の図のように、曜日が書かれたものと、日付の数字が書かれたものをそれぞれ収録しています（96 ～ 98 ページの歯みがきカレンダーも同様です。Word 版の詳細は下記の「Word について」を参照してください）。

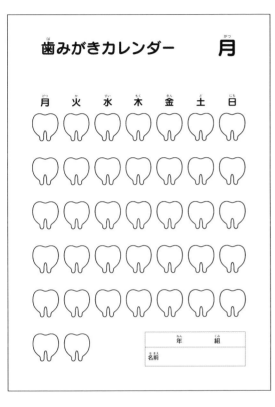

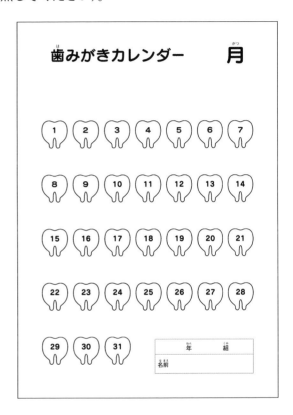

◎Word版について

　Word 版では、右の図のように、日付を記入する部分に、あらかじめ「00」という数字がテキストボックスの中に入っています。この部分にその年の曜月にあった日付を入力したり、不要な部分を削除したりすることで、毎年使用することができます。

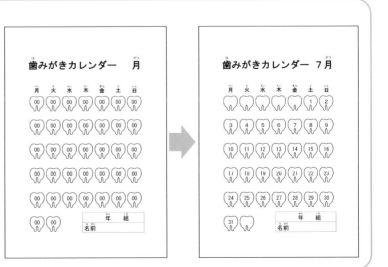

歯みがきカレンダー（1～4月）

【ファイル名】calendar01～04_youbi.pdf、calendar01～04_hizuke.pdf、calendar01～04.docx

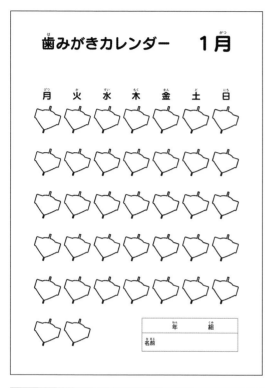

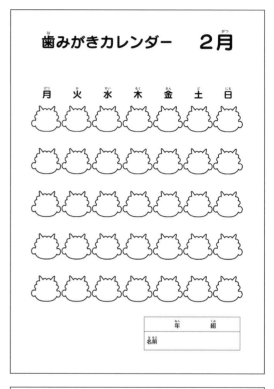

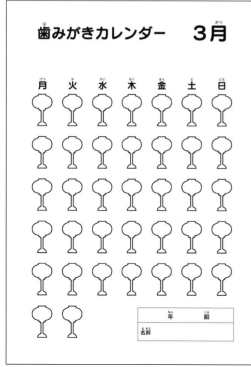

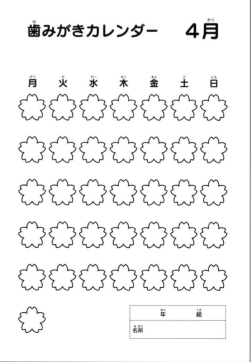

歯みがきカレンダー（5〜8月）

【ファイル名】calendar05〜08_youbi.pdf、calendar05〜08_hizuke.pdf、calendar05〜08.docx

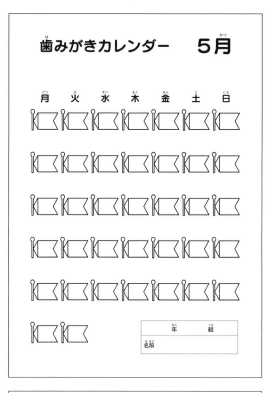

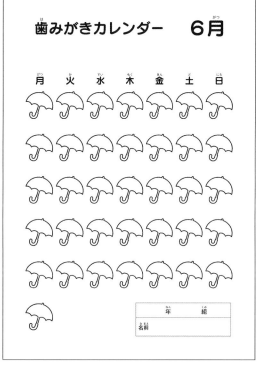

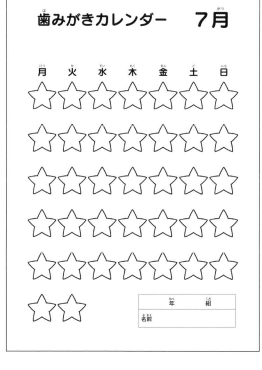

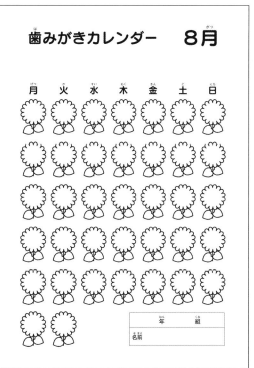

歯みがきカレンダー（9〜12月）

【ファイル名】calendar09〜12_youbi.pdf、calendar09〜12_hizuke.pdf、calendar09〜12.docx

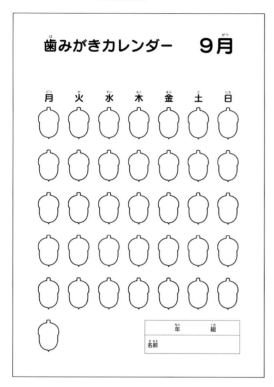

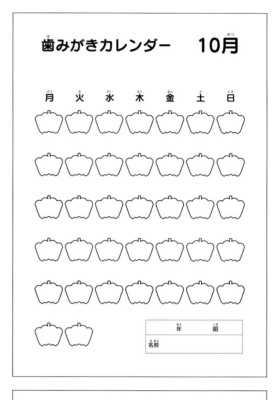

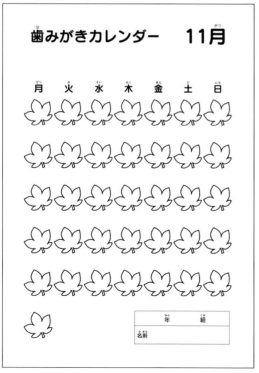

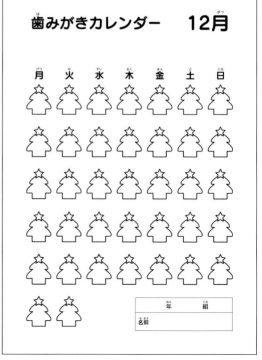

「歯科けんしんで調べていること」シート

【ファイル名】kenshin.pdf

歯科けんしんで調べていること

歯科けんしんでは、下に書かれた内容などを調べています。歯科医の先生がきちんと調べることができるように、けんしんの前には、すみずみまで歯をみがいておきましょう。

①歯の状態を調べる （「　」内は検査のときに歯科医の先生が呼ぶ呼び方）

健康な歯
「／（しゃ線）」

むし歯になりかけている歯「CO（シーオー）」

むし歯の歯
「C（シー）」

治りょうした歯
「○（マル）」

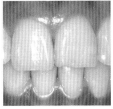 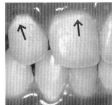 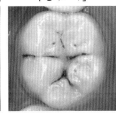 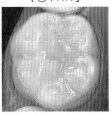

※ぬけそうだったり、ほかの歯にえいきょうをあたえそうだったりするような、注意が必要な乳歯（子どもの歯）があったときは、「×（バツ）」と呼びます。

②歯肉の状態を調べる

健康な歯肉

赤くはれた歯肉「GO」・「G」

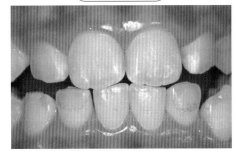 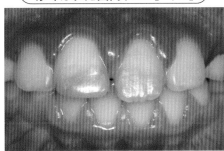

③歯のかみ合わせを調べる

④あごの状態を調べる

⑤歯こうがたまっていないかどうかを調べる

指導・写真提供　丸森歯科医院 院長　丸森 英史 先生　©株式会社少年写真新聞社

歯肉チェックシート①

【ファイル名】shiniku01.pdf

自分の歯肉は、AとBのどちらに近い？

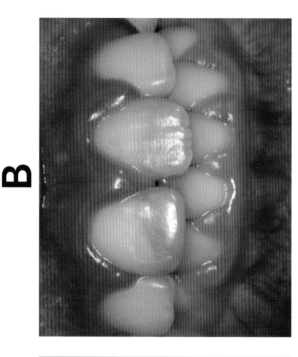

B

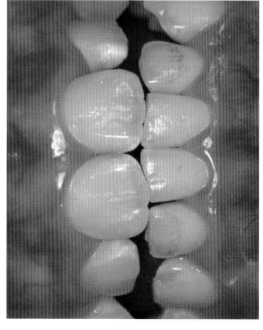

A

自分の歯肉の色や形が「B」に近い場合は、「歯肉炎」の疑いがあります。

指導・写真提供　丸森歯科医院院長　丸森英史　先生　©株式会社少年写真新聞社

歯肉チェックシート②

【ファイル名】shiniku02.pdf

歯肉チェックシート

チェックポイント	歯肉えんの歯肉	健康な歯肉
歯肉の色	赤い	ピンク
歯と歯の間の歯肉の形	丸い	三角形
歯肉をさわると……	ブヨブヨしている	かたい（引きしまっている）
歯をみがいていると……	血が出る	血が出ない

指導・写真提供　丸森歯科医院院長　丸森英史　先生　©株式会社少年写真新聞社

101

おわりに

　医療の現場で、好ましい保健行動を患者に維持してもらうことは、大きな課題です。今、生活習慣に起因する多くの生活習慣病対策が医療界の重要な課題になっています。病気になってからの行動変容ではなく、就学時期の子どもたちに向けて健康へのスキルを育てることに、教育の現場で活躍される先生方と、医療側との協働が必要なのでしょう。この書籍が少しでも子どもたちの健康を支える職域の方々に役に立つことを願っております。

　日本学術会議は 2020 年「生活習慣病予防のための良好な成育環境・生活習慣の確保に係る基盤づくりと教育の重要性」として提言をまとめ、成育過程の各段階にあるすべての子どもに、切れ目のない医療・教育・福祉を提供することの重要性と成育基本法の理念に基づき、学校を核とした地域のヘルスプロモーションを推進すべきとしています。歯の健康が生活全般にわたることを考えると、歯みがきに関連づけて生活改善への気づきを子どもたちに伝えることに大きな意義を感じます。

　本書の内容は丸森賢二監修『新しい歯のみがき方』（少年写真新聞社　1991年）が源流で、その後 2012 ～ 2013 年に丸森英史著としてリニューアルした書籍がもとになっています。今回、少年写真新聞社編集部豊島大蔵氏の企画編集でパワーポイントのスライド、動画を加えて新たな指導書として出版することになりました。豊島大蔵氏の大変なご尽力に感謝いたします。

　本書で解説した「歯のみがき方」は丸森賢二らによってまとめられた『ブラッシング指導』（医歯薬出版　1978 年）に始まります。その後、文部科学省で作成した「『生きる力』をはぐくむ学校での歯・口の健康つくり」（2011 年改訂）にもその方法が掲載されています。

丸森 英史

参考文献

パワーポイント（1～7章）・付録

『たんけん はっけん じぶんの歯』丸森英史著　少年写真新聞社　2012年

『どんどん はえる じぶんの歯』丸森英史著　少年写真新聞社　2012年

『みんな そろった じぶんの歯』丸森英史著　少年写真新聞社　2013年

『ずっと ずっと じぶんの歯』丸森英史・竹内博朗監修　少年写真新聞社　2007年

『小学保健ニュース』2013年4月8日号、2017年10月28日号　少年写真新聞社

「指導・実践のポイント！」・コラム（1～7章）

【1章】

Adler, Christina et al. "Sequencing ancient calcified dental plaque shows changes in oral microbiota with dietary shifts of the Neolithic and Industrial revolutions." *Nature Genetics* 45(4)：450-455, 2013

『人類の進化大研究―700万年の歴史がわかる』河野礼子著　PHP研究所　2015年

【2章】

『デンタルカリエス〈原著第2版〉―その病態と臨床マネージメント』Ole Fejerskov・Edwina Kidd編集　高橋信博・恵比須繁之監訳　医歯薬出版　2013年

【3章】

Nyvad, B, Takahashi, N "Integrated hypothesis of dental caries and periodontal diseases" *Journal of Oral Microbiology*, 12(1)：Article：1710953, 2020

『ずっと ずっと じぶんの歯』丸森英史・竹内博朗監修　少年写真新聞社　2007年

『糖尿病患者に対する歯周治療ガイドライン 改訂第2版 2014』日本歯周病学会編　医歯薬出版刊　2015年

【4章】

『新しい歯のみがき方―こうして使えば児童もみがくみがく 教師用指導書』丸森賢二著　少年写真新聞社　1991年

【5章】

『行動の変容をめざしたこれからの歯科保健指導』丸森賢二、石井直美編著　医歯薬出版　2001年

【6章】

『食事が変わる・歯肉が変わる―歯科臨床における食事指導』（DENTAL HYGIENE SELECTION）丸森英史、鈴木和子編　医歯薬出版　2004年

『ママになった歯科医師・歯科衛生士・管理栄養士が伝えたい！　食育とむし歯予防の本』丸森英史監修　石山ゆみ子ほか著　医歯薬出版　2018年

【7章】

スポーツ庁「令和元年度全国体力・運動能力、運動習慣等調査結果」

大須賀恵子ほか「小学生の歯肉炎有所見状況と生活習慣要因の関連について」『学校保健研究』53(3)：225-231, 2011

帖佐悦男「ロコモ予防としての子どもの運動器検診―なぜ子どもの頃からロコモ予防が必要か―」『THE BONE』31(3)：83-88, 2017

浜野美幸『小児保健研究』78(6)：539-543, 2019

監著者 ■■■■■■■■■

丸森英史（まるもり　ひでふみ）
丸森歯科医院 院長
ブラッシング教育のみならず、
食育や口腔のセルフケアを
提唱している第一人者。

動画撮影協力 ■■■■■■■■■

丸森歯科医院歯科医　　　丸森史朗
丸森歯科医院歯科衛生士　丸森郁美

電子顕微鏡写真提供 ■■■■■■■■■

鶴見大学 名誉教授　　　花田信弘

そのまま使える！
パワポ歯科指導　　DVD-ROM 付き

2022年2月25日　初版第1刷発行
監著者　丸森 英史
発行人　松本 恒
発行所　株式会社 少年写真新聞社
　　　　〒102-8232　東京都千代田区九段南4-7-16 市ヶ谷KTビル I
　　　　TEL 03-3264-2624　FAX 03-5276-7785
　　　　URL https://www.schoolpress.co.jp/
印刷所　図書印刷株式会社
©Shonen Shashin Shimbunsha 2022 Printed in Japan
ISBN 978-4-87981-753-2　C3037

スタッフ　編集：豊島 大蔵　DTP：木村 麻紀　校正：石井 理抄子　装丁：中村 光宏　イラスト：細尾 沙代／編集長：野本 雅央
　　　　　企画提案：遠藤 恵津子